畲族 三月三

畲族三月三

总主编 金兴盛

浙江省非物质文化遗产代表作丛书

浙江摄影出版社

陈华敏 王振生 编著

总 序

中共浙江省省委书记
省人大常委会主任 夏宝龙

　　非物质文化遗产是人类历史文明的宝贵记忆，是民族精神文化的显著标识，也是人民群众非凡创造力的重要结晶。保护和传承好非物质文化遗产，对于建设中华民族共同的精神家园、继承和弘扬中华民族优秀传统文化、实现人类文明延续具有重要意义。

　　浙江作为华夏文明发祥地之一，人杰地灵，人文荟萃，创造了悠久璀璨的历史文化，既有珍贵的物质文化遗产，也有同样值得珍视的非物质文化遗产。她们博大精深，丰富多彩，形式多样，蔚为壮观，千百年来薪火相传，生生不息。这些非物质文化遗产是浙江源远流长的优秀历史文化的积淀，是浙江人民引以自豪的宝贵文化财富，彰显了浙江地域文化、精神内涵和道德传统，在中华优秀历史文明中熠熠生辉。

　　人民创造非物质文化遗产，非物质文化遗产属于人民。为传承我们的文化血脉，维护共有的精神家园，造福子孙后代，我们有责任进一步保护好、传承好、弘扬好非物质文化遗产。这不仅是一种文化自觉，是对人民文化创造者的尊重，更是我们必须担当和完成好的历史使命。对我省列入国家级非物质文化遗产保护名录的项目一项一册，编纂"浙江省非物质文化遗产代表作丛书"，就是履行保护传承使命的具体实践，功在当代，惠及后世，有利于群众了解过去，以史为鉴，对优秀传统文化更加自珍、自爱、自觉；有利于我们面向未来，砥砺勇气，以自强不息的精神，加快富民强省的步伐。

党的十七届六中全会指出，要建设优秀传统文化传承体系，维护民族文化基本元素，抓好非物质文化遗产保护传承，共同弘扬中华优秀传统文化，建设中华民族共有的精神家园。这为非物质文化遗产保护工作指明了方向。我们要按照"保护为主、抢救第一、合理利用、传承发展"的方针，继续推动浙江非物质文化遗产保护事业，与社会各方共同努力，传承好、弘扬好我省非物质文化遗产，为增强浙江文化软实力、推动浙江文化大发展大繁荣作出贡献！

（本序是夏宝龙同志任浙江省人民政府省长时所作）

前　言

浙江省文化厅厅长　金兴盛

　　国务院已先后公布了三批国家级非物质文化遗产名录，我省荣获"三连冠"。国家级非物质文化遗产项目，具有重要的历史、文化、科学价值，具有典型性和代表性，是我们民族文化的基因、民族智慧的象征、民族精神的结晶，是历史文化的活化石，也是人类文化创造力的历史见证和人类文化多样性的生动展现。

　　为了保护好我省这些珍贵的文化资源，充分展示其独特的魅力，激发全社会参与"非遗"保护的文化自觉，自2007年始，浙江省文化厅、浙江省财政厅联合组织编撰"浙江省非物质文化遗产代表作丛书"。这套以浙江的国家级非物质文化遗产名录项目为内容的大型丛书，为每个"国遗"项目单独设卷，进行生动而全面的介绍，分期分批编撰出版。这套丛书力求体现知识性、可读性和史料性，兼具学术性。通过这一形式，对我省"国遗"项目进行系统的整理和记录，进行普及和宣传；通过这套丛书，可以对我省入选"国遗"的项目有一个透彻的认识和全面的了解。做好优秀传统文化的宣传推广，为弘扬中华优秀传统文化贡献一份力量，这是我们编撰这套丛书的初衷。

地域的文化差异和历史发展进程中的文化变迁，造就了形形色色、别致多样的非物质文化遗产。譬如穿越时空的水乡社戏，流传不绝的绍剧，声声入情的畲族民歌，活灵活现的平阳木偶戏，奇雄慧黠的永康九狮图，淳朴天然的浦江麦秆剪贴，如玉温润的黄岩翻簧竹雕，情深意长的双林绫绢织造技艺，一唱三叹的四明南词，意境悠远的浙派古琴，唯美清扬的临海词调，轻舞飞扬的青田鱼灯，势如奔雷的余杭滚灯，风情浓郁的畲族三月三，岁月留痕的绍兴石桥营造技艺，等等，这些中华文化符号就在我们身边，可以感知，可以赞美，可以惊叹。这些令人叹为观止的丰厚的文化遗产，经历了漫长的岁月，承载着五千年的历史文明，逐渐沉淀成为中华民族的精神性格和气质中不可替代的文化传统，并且深深地融入中华民族的精神血脉之中，积淀并润泽着当代民众和子孙后代的精神家园。

岁月更迭，物换星移。非物质文化遗产的璀璨绚丽，并不意味着它们会永远存在下去。随着经济全球化趋势的加快，非物质文化遗产的生存环境不断受到威胁，许多非物质文化遗产已经斑驳和脆弱，假如这个传承链在某个环节中断，它们也将随风飘逝。尊重历史，珍爱先人的创造，保护好、继承好、弘扬好人民群众的天才创造，传承和发展祖国的优秀文化传统，在今天显得如此迫切，如此重要，如此有意义。

非物质文化遗产所蕴含着的特有的精神价值、思维方式和创造能力，以一种无形的方式承续着中华文化之魂。浙江共有国家级非物质文化遗产项目187项，成为我国非物质文化遗产体系中不可或缺的重要内容。第一批"国遗"44个项目已全部出书；此次编撰出版的第二批"国遗"85个项目，是对原有工作的一种延续，将于2014年初全部出版；我们已部署第三批"国遗"58个项目的编撰出版工作。这项堪称工程浩大的工作，是我省"非遗"保护事业不断向纵深推进的标识之一，也是我省全面推进"国遗"项目保护的重要举措。出版这套丛书，是延续浙江历史人文脉络、推进文化强省建设的需要，也是建设社会主义核心价值体系的需要。

在浙江省委、省政府的高度重视下，我省坚持依法保护和科学保护，长远规划、分步实施，点面结合、讲求实效。以国家级项目保护为重点，以濒危项目保护为优先，以代表性传承人保护为核心，以文化传承发展为目标，采取有力措施，使非物质文化遗产在全社会得到确认、尊重和弘扬。由政府主导的这项宏伟事业，特别需要社会各界的携手参与，尤其需要学术理论界的关心与指导，上下同心，各方协力，共同担负起保护"非遗"的崇高责任。我省"非遗"事业蓬勃开展，呈现出一派兴旺的景象。

"非遗"事业已十年。十年追梦，十年变化，我们从一点一滴做起，一步一个脚印地前行。我省在不断推进"非遗"保护的进程中，守护着历史的光辉。未来十年"非遗"前行路，我们将坚守历史和时代赋予我们的光荣而艰巨的使命，再坚持，再努力，为促进"两富"现代化浙江建设，建设文化强省，续写中华文明的灿烂篇章作出积极贡献！

2013年11月20日

目录

序言 // PREFACE

　　"熊熊的篝火燃起来，甜甜的美酒喝起来，欢快的山歌唱起来——"每一年的农历三月三，都是畲乡景宁最热闹的日子，最盛大的节日。

　　"畲族三月三"是景宁畲族自治县两个国家级非物质文化遗产保护项目之一，是畲乡人民共有的精神家园，也是畲族先祖留给后人的宝贵的历史财富。它集聚了畲族山歌、舞蹈、婚嫁、祭祀、服饰等文化元素，是民族文化的大盘点和大集结。"畲族三月三"是畲族精神信仰的体现，它源于畲族祭祀先祖活动，其最早的活动内容有"做功德"、"吃乌饭"、"对山歌"等。随着历史的推进，以歌见长的畲族人民逐渐把唱山歌作为祭祀先祖的重要形式，每年农历三月三，畲民云集歌场，自晨至暮，对歌盘歌，歌颂生活，怀念先祖，"畲族三月三"也逐渐演变为以对歌为主要形式和内容的民族聚会。

　　近年来，景宁从传承文化、助推经济社会发展的角度出发，高度重视"畲族三月三"的品牌打造和培育工作。从1998年起，相继成功举办了16届"中国畲乡三月三"活动，而且一届办得比一届更好，更有规模，更具影响力。"畲族三月三"已逐渐成为畲乡景宁的一大品牌，从县内走向省内，从省内走向全国，从全国走向世界，成为弘扬传统文化、提升地方影响、推动经济发展的文化法宝和重要平台。

我们相信《畲族三月三》一书的出版能够让更多的读者了解"畲族三月三"的历史、习俗、艺术特色及其传承与保护情况，了解畲族音乐、舞蹈、服饰、体育以及人际交往、商贸、旅游等文化样式，对促进"畲族三月三"这一具有鲜明民族特征和浓郁乡土气息的项目的发掘和研究起到积极的意义，同时也会鼓舞更多的民众加入保护与传承"畲族三月三"的队伍，让民族文化的精髓更加发扬光大。

景宁畲族自治县县长　蓝伶俐

2013年9月

畲族三月三的历史沿革

农历三月初三是畲族的传统节日。每年此时，畲民身穿节日盛装，挑着山哈酒，带着乌饭，从四面八方会聚而来，祭拜祖先，对歌跳舞，吹奏乐器，围着篝火彻夜狂欢。这一习俗从唐朝开始形成。

畲族三月三的历史沿革

[壹]景宁畲族的地域环境

景宁畲族自治县位于浙江省南端，东邻青田县、文成县，南接泰顺县和福建省寿宁县，西连庆元县、龙泉市，北毗云和县，东北靠丽水市。

明景泰三年（1452），析青田县鸣鹤乡和柔远乡之仙上里、仙下里等地置县，取"景泰缉宁"之义，故名景宁。后几经撤并，1984年经国务院批准，以原景宁县地域建立景宁畲族自治县。这是目前全国唯一的畲族自治县，华东地区唯一的少数民族县。

景宁畲族自治县县域面积1950平方千米，辖4镇2街道16乡254个行政村，人口17.32万，其中畲族人口1.91万，占11%，是全国畲族密居区之一。早在唐永泰二年（766）就有畲民从福建迁入安居于此，是浙皖两省畲族的发祥地。这里的畲族传统文化历史悠久，蕴藏深厚，风情浓郁，是畲族历史文化的重要研究基地。畲族是个古老而神秘的民族，拥有自己的民族语言，通用汉语文。姓氏包括盘、蓝、雷、钟四姓，其山歌、舞蹈、婚嫁、节庆等民间习俗诙谐风趣，别具一格，引人入胜。

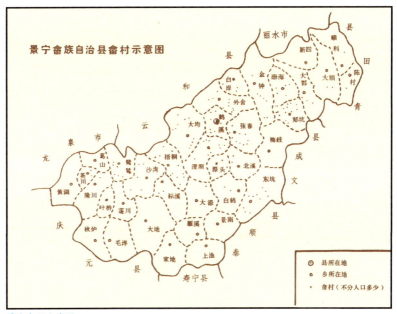

景宁畲族分布图

这里峰峦叠嶂，滩险瀑奇，景色秀美，风光旖旎。原始森林、珍稀生物、高山湿地、炉西峡谷、熔岩地质遗址等独特生态旅游资源，以及与之相得益彰的人文景观，引起了国内外旅游专家的高度关注，现已成功创建了"中国畲乡之窗"、"云中大漈"两个国家4A级旅游景区。

这里名优土特产品丰富，有惠明茶、香菇、木耳、雪梨、野生菌菇、竹木制品等。其中惠明茶曾获得1915年巴拿马万国博览会金奖，为浙江省十大名茶之一，成为国务院专供用茶，并在2010年上海世博会再获金奖。景宁是"中国茶文化之乡"、"中国名茶之乡"。景宁所产香菇、黑木耳获第二届、第三届中国农博会金奖,并被评为中国国际农博会名牌产品,景宁也被农业部授予"中国香菇之乡"称号。

这里水资源丰富,可开发装机容量53万千瓦,占全省总量的四分之一,2004年被水利部命名为"中国农村水电之乡"。

这里文化事业蓬勃发展,以"畲乡文化有形化、文化载体项目化、文化成果精品化"为原则,深入实施"固化一批畲族文化元素、保护一批畲族文化遗产、建设一批文化基础设施、培养一批畲族文化传承人、创建一批畲族文化特色品牌、发展一批畲族文化特色产业"的"六个一批"工程,"全国畲族文化基地"已成雏形;省级

中国民间文化艺术之乡

中华人民共和国文化部

二〇〇八年

景宁被命名为"中国民间文化艺术之乡"

非物质文化遗产"中国畲族三月三"等民间节庆活动影响力不断扩大，逐渐走向全国，被国务院列入第二批国家级非物质文化遗产名录；畲族民歌、舞蹈文艺精品层出不穷，大型畲族风情舞蹈诗《千年山哈》荣获第四届全国少数民族文艺会演金奖，畲族文化品牌逐渐打响，2008年被国家文化部授予"中国民间文化艺术之乡"称号。

近年来，中央、省、市各级党委、政府给予自治县特别的关心和扶持，习近平总书记在给景宁的复信中提出了"在推动科学发展、促进社会和谐、增进民族团结上走在全国民族自治县前列"的殷切期望。当时的浙江省委书记赵洪祝亲自把景宁县确定为工作联系点，并推动出台了专项扶持景宁发展的浙委[2008]53号文件和浙委[2012]115号文件。市委、市政府专门在丽水划出"飞地"设立"丽景民族工业园"，扶持景宁的经济发展。

勤劳淳朴的畲乡人民在县委、县政府的正确领导下，按照科学发展观及构建和谐社会的总体要求，全面落实"生态立县、产业富县、文化名县"的发展战略，突出产业培育和民生改善两大重点，强化畲乡文化发展和生态文明建设，全力推进集聚发展、统筹发展、文化发展、改革发展、和谐发展，向着"全国十强、基本小康、文化基地"三大宏伟目标，努力实现在推动科学发展、促进社会和谐、增进民族团结三个方面走在全国民族自治县前列的愿景。

景宁畲族从福建迁到浙江，基本上是一家一户或几家几户逐年迁移，没有固定的路线。据惠明寺村和敕木山村保存的《唐朝元皇南泉山迁居建造惠明寺报税开垦》一文记述："唐永泰二年丙午岁(766)，雷太祖进裕公一家五人与僧昌森、子清华二人，从福州罗源十八都苏坑境南坑，一同来到浙江处州青田鹤溪村大赤寺(今景宁畲族自治县澄照乡大赤垟村)，后移到叶山头砍伐山林，开垦田园。"

南宋淳祐年间(1241—1252)，蓝敬泉支族从福建罗源黄庄下迁处州丽水小窟，后迁金丘驮磨庵(现景宁畲族自治县澄照乡)居住。

明代是畲族大量入迁景宁时期。洪武八年(1375)，钟日章从福建迁入二都油田金岱垟岭脚。十二年，雷景云、雷景通从罗源徙居岭根村。正德年间(1506-1521)，蓝敬泉另一支族从福建福安县迁入。嘉靖年间(1522—1566)，雷万六郎支族从福建古田迁入。八年，雷兴文从福建罗源县迁住二都油田桥。二十四年，蓝谨传支族从福建罗源西南乡移居景宁。万历十年(1582)，雷世隆支族从福建罗源县黄庄下牛栏坪迁入油田，后搬佃源村。十二年，蓝公从罗源十八都塔底坑移居后垟，后搬至暮洋湖、周坑村。十四年，雷进明支族从福建罗源县十八都苏坑迁至包凤村。三十八年，钟隆熙从福建罗源县十七都晋安大平村迁入包凤村，后迁至山外村。三十九年，雷孔华、雷孔明从福建福州府古田县九都黄泥田迁入叶山头村；雷孔明又迁入包凤村。四十年，蓝万三郎之子蓝法乾从福建罗源县官坑村迁入驮洋岗村。四十一年，雷处山一家四十八口从福建罗源十八都苏坑境应得铺庄梅溪里迁入二都油田玉畈村。四十二年，钟石洪家二十八口从福建宁德县十都安乐洋龙头坑迁入二都金岱垟岭脚村。四十四年，蓝世全从福建古田县南乡里秀山洞迁入二都石圩村。四十五年，蓝法乾另一支族从罗源塔底迁入六都彭坑村。四十八年，蓝敬方支族从福建罗源塔底迁入六都彭坑村。

清康熙三年(1664)，雷孔华支族从福建古田九都黄泥田水缸丘迁入叶山头李树坪村。

按入迁始居地认祖，雷姓尊"包凤祖"，蓝姓尊"四格祖"，钟姓尊"山外祖"。

1982年施联朱等编写的《浙江丽水地区畲族情况调查》载，畲族首先来到景宁。后来由于人口的繁衍增多和生活所迫，子孙后代星散四移至处(州)属各县(及省内各地和四川省)。据族谱查考，清代和民国年间，从景宁外迁的有七十三支，其中二十二支迁到兰溪，十五支迁到龙游，五支迁到泰顺，四支迁到建德，三支迁到平阳，两支迁到余杭，迁到青田、丽水、云和、遂昌、松阳、江山、临安、淳安、桐庐各一支，还有一支远迁到四川省同庆县。所以说，景宁是浙江省畲族的发祥地。

和其他地域的畲民一样，千百年来，景宁畲族人民祖祖辈辈生活在高山深林之中，形成勤劳勇敢、豪爽粗犷、淳朴热情的性格，而独特的畲族习俗中尤以畲族三月三民间节庆活动最为特别。

【贰】畲族三月三的起源

景宁是全国唯一的畲族自治县，畲族是我国民族大家庭的一员。公元7世纪初，畲民劳动、生息、繁衍在粤、闽、赣边界山区。景宁畲族各姓宗谱均称祖籍为广东潮州凤凰山。畲族古籍《高皇歌》有"凤凰山上安祖坟，荫出盘蓝雷子孙，山上人多难作食，分掌潮州各乡村"和"福建官差欺侮多，搬掌景宁挪云和，景宁云和浙江管，也是掌在山头多"的记述。

农历三月初三是畲族人民的传统节日。每年三月三前后，畲民聚集的地方张灯结彩，旗幡飘扬，鞭炮震天，身着节日盛装的畲族人民从大村小寨潮水般拥来，山歌对唱、祭祀舞蹈、民俗表演、体育竞技等活动热闹非凡。

畲族三月三民间习俗由来已久，有多种说法。

其一，《盘瓠世考》记载："盘瓠因为游猎……跳过大树，被株尖所伤而终……殡后长腰木鼓，长笛短吹，男女连声歌唱，窈窕跳踢舞弄者不能及。"这一天是农历三月初三，篝火歌舞之风从此开始。之后，每年农历三月初三，畲民身着节日盛装，挑着山哈酒，带上乌饭，从四面八方会聚而来，祭拜祖先，对歌跳舞，吹奏乐器，围着篝火狂欢，男女青年借此对歌传爱，直到天将破晓。

其二，据《浙江省少数民族志》载："据说在唐总章二年，畲民被朝廷军队围困在深山老林之中，处在内无粮草、外无援兵的困境。他们在大山里唯一寻找到的是一种叫乌稔的果实，采回来给雷万兴品尝后，雷万兴命令畲军大量采集此果，为畲军充饥。后畲军得到外援，第二年春，雷万兴又一次带领畲族人民反抗，最终取得了胜利。那一天，正好是三月初三，雷万兴感到特别高兴，在与士兵们的谈笑中回想起采野果的情景，此时正值春天，没有乌稔果，就下令畲军，采来乌稔树叶煮饭，算是庆祝。大家吃得很香，饭后高兴地唱起山歌跳起舞，于是畲民三月三吃乌饭的习俗就这样一直流传下来。"

其三，畲族称三月三为谷米的生日，这天一定要吃乌米饭。这事说来还流传着一个民间故事。

很久很久以前的某年三月，由于上年遭受虫害，收成不好，再加上官府增税，山主加租，连谷种都拿去交租了。畲族村民几乎家家断粮，饱受饥饿之苦。

狼心狗肺的山主不但不借出谷种，反而放出恶狗，把前来求借的畲族人咬伤。

大家实在忍耐不下去了，一天夜里，身强力壮的蓝天凤带着几个年轻的后生翻墙进入山主的大院，撬开粮仓，把谷种扛回寨子，连夜播种。

第二天，山主发现粮仓被盗，就带着十几个打手，发疯似的冲进畲族寨子。为免使老百姓遭难，蓝天凤挺身而出。就这样，他被关进牢房，这天正是三月初三。

在地牢里，蓝天凤被打得遍体鳞伤，山主还串通看守牢房的歪嘴，不给蓝天凤饭吃，想把他活活饿死。

消息传出，父老乡亲们纷纷前去探监，他们用播种剩下的谷种捣成米、煮成饭并捏成饭团送进牢里。可饭团都落到歪嘴肚子里，蓝天凤一口也没有吃到。

这天，去地牢送饭的是畲山出色的歌手钟秀姑娘，她想了个办法对付可恶的歪嘴。

时值晌午，钟秀姑娘挎着竹篓，竹篓里装着麻布袋，送饭来了。歪嘴一边不怀好意地看着姑娘，一边打开麻布袋，把手伸进去。这时，歪嘴突然大声喊叫，接着就乱蹦乱跳起来。可是，竹篓口子小，弄了半天还是抽不出手来，疼得歪嘴满地打滚。原来，麻布袋里装的是又黑又大又毒的山蚂蚁。歪嘴被山蚂蚁一咬，立刻中毒，一命呜呼。

从此以后，畲家人就采来乌稔叶捣汁浸染大米，煮成的乌饭远远看上去就好像抱成一团的山蚂蚁，那些被山蚂蚁吓破胆的狱卒们就再也不敢吃饭团了。

蓝天凤天天吃乌米饭，不仅伤口愈合了，还添了不少力气。因此有"乌米饭可治乏力病"一说。到了第二年的三月初三，蓝天凤被起义军救了出来，并被推举为义军的首领。为了让子孙后代记住这米饭来之不易，三月三被定为谷米的生日。谷米从白花花变成乌亮亮，好像穿了一件黑衣裳，所以，畲山还有"煮乌米饭是为了给谷米穿衣裳、过生日"的说法。

畲民对畲族三月三的重视程度，与春节相比有过之而无不及。每年这一天，畲乡家家户户都要宰杀牲口，祭祀祖先；畲民也多选择这天作为畲家男女定情或婚嫁的日子。做乌饭、吃乌饭成了三月三里一项重要的活动。到夜幕降临，畲民还要举办篝火歌会，内容主要为对歌。

不管哪种说法，三月三都源于祭祀祖先活动。由于畲族以歌见长，爱好舞蹈，歌舞便成为祭祀活动的主要形式。随着时间的推移，歌舞内容逐渐丰富，尤其是三月三为畲民最大的聚会，不少男女青年借机谈情说爱，三月三渐渐演变成以对歌为主要形式的畲民聚会节日。对此邝露《赤雅》有记："瑶名畲客，皆高辛盘瓠之后，落种繁衍，时节祀之。其乐五合，其旗五方，其衣五彩……是谓五参。奏乐则男左女右，铙鼓、葫芦笙、忽雷、响瓠、云阳。侧具大木槽，置三牲酒饭，扣而群号为礼。用熊罴、虎豹、幼鹿、飞鸟、溪毛各设五坛。七献既陈，焚燎节乐，择其女之姥丽娴巧者，劝客极其绸缪……祭毕合乐，男女蹭跃，击云有节，以定婚媾。"

畲族三月三的习俗内容

景宁畲族三月三传统习俗丰富多彩，其基本内容主要包括吃乌饭、祭祀舞蹈、赶歌会，以及一些传统的体育活动表演等。

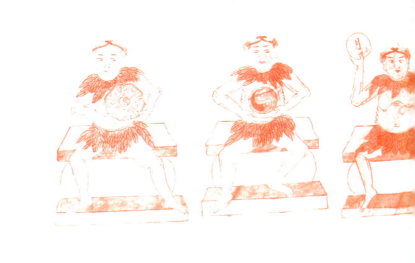

畲族三月三的习俗内容

　　景宁畲族三月三传统习俗丰富多彩，其基本内容主要有吃乌饭、祭祀舞蹈、赶歌会，以及一些传统体育活动表演等。

【壹】吃乌饭

　　据《浙江省少数民族志》载：景宁畲民三月三吃乌饭，是用一种畲语称"乌枝"、汉语称"山馒头"的小灌木嫩叶（即乌稔）捣碎取汁，浸泡大米煮成的饭。这种黑色的米饭十分可口，有青草芳香味，据说吃了这样的乌饭，上山不怕蚂蚁咬。

　　《景宁畲族自治县志》记载："三月三是畲族的传统节日，相传祖先因狩猎殉难，子孙们在这一天吃'乌饭'（糯米用乌枝叶汁即山馒头汁染黑蒸熟），有的地方还举行对歌，以作纪念。"

　　做乌饭是取新鲜乌稔（山馒头）树的叶子洗净，放在石臼里捣碎，取出过滤，用其汁将糯米浸泡半天，米捞起来沥干后，放在木饭甑或陶饭甑等容器里文火蒸熟后，先供奉祖先、神灵，然后自己才能吃。这种饭看上去乌糟糟的，并不是很起眼，吃起来却是糯糯的，香喷喷的，非常可口，吃了还想吃。后来有人加入山间野味，如香菇、木耳等炒一炒和米一起蒸，那味道就更鲜美了。

采乌叶

做乌饭

千百年来，三月三前夕，畲家妇女背着竹篓唱着畲歌，上山摘乌稔叶。三月三这天，畲民家家户户做乌饭，吃乌饭，畲族村寨处处飘荡着乌饭沁人心脾的清香，有"一家蒸乌饭，十家飘清香"之说。畲民们或用乌饭宴请贵客，或带着乌饭团（20世纪60年代以前畲民把乌饭盛在苇叶饭包里）去赶歌会。

【贰】祭祀舞蹈

畲族是一个尊宗敬祖的民族，记述畲族源流传说的长联歌《高皇歌》载："（龙麒）自愿官唔爱，一心间山学法来，学得真法来传祖……盘蓝雷钟学师郎，收师捉鬼法来强，手反千斤天罗网，凶神恶煞走茫茫。"关于"做功德"，在《盘瓠世考》中有载："盘瓠因为游猎……跳过大树，被株尖所伤而终……殡后长腰木鼓，长笛短吹，男女连声唱歌，窈窕跳踢舞弄者不能及。"畲族"祖图"中即有"间山学法"图像，也有多人手拿道具，一人手擎写有"超魂超度"字样的木牌翩翩起舞的形态。由此可见，"传师学师与做功德"和畲民族的源流密切相关。据考，自唐宋以来就有畲民在景宁的敕木山、澄照大赤垟等地定居，明代大量入迁，日后不断繁衍壮大。故而畲族祭祀仪式——传师学师与做功德——就在浙江景宁畲族聚居区代代相传，在三月三时，更以吃乌饭、跳祭祖舞等形式缅怀先祖，渐渐形成具有相对独特文化品味的祭祀仪式。

一、传师学师

"传师学师"是由畲族法师向学师的"弟子"进行传师的活动，在景宁畲族中已流传七百多年。"传师学师"各地称呼不一，有称"传度"、"奏名"的，也有称"做阳"、"祭祖"的，还有称"做聚头"、"寿禄"和"安祖"的。经1987年在景宁畲族自治县召开的省、地畲族民间采编会上老艺人讨论决定，统一称为"传师学师"。

传师学师是一种道教性质的原始宗教仪式，学过师的人被认为有了"法"，将这个"法"传给学师的人叫传师。

学师的人家中堂设立"神坛"，传师人以舞蹈形式授"法"于学师者。学过师的人有一枚木印，死了要随葬，印上刻的是"日月紫微星太上老君"。传师学师活动中的挂图主要是三清神像，左右营兵马图、金鸡、玉兔（门神），也有畲族历史长联画卷"祖图"。祖图是不受香火的，可以挂在中堂两边板壁，也可挂在走廊甚至大门外。图中一节说到龙麒上闾山学过法，故也要备一份"祖担"，起鼓舞人们学法的作用，是说祖宗学了法，子孙后代也要学法。

"祖担"即传师学师的道具，一个村或邻近几个村有三五十人学过法，就置办一套道具，以便传师，其中还得有个有点文化和舞蹈才能的人当主持师公，按《款头本》规定内容召集十二个人以上练习舞蹈，组成一个传师班子。书的内容一样，但各个班子学的舞不一定一致，所以有"各师各法"之说。主持师公家要设立"师爷间"，表示

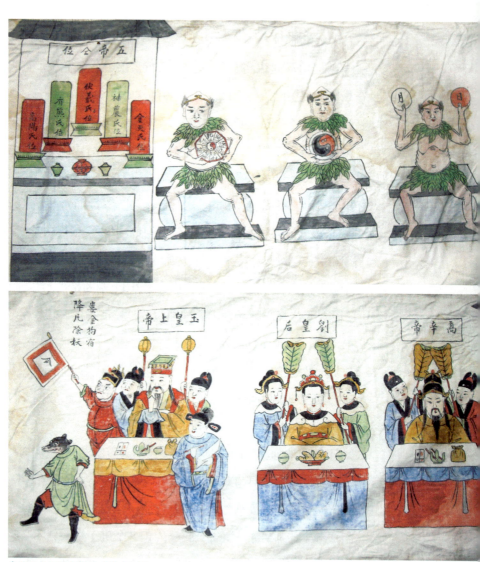

畲族历史长联画卷"祖图"（局部）

以神的名义来指挥这个班子。师爷即设计这种教的先人，并非畲族祖宗先人，就像木匠以鲁班为师爷一样。"祖担"也即"师担"，每个学师的人要把师担挑去，在自己家中堂举行传师学师，由于这样的挑动，又有人把师担称为"游祖"。

畲民十六岁以上的男子可以学师，学师后除了当师公给别人传师外，没有其他活动，只是规定死后必须做功德，所以有的学者把传师学师称为"成人礼"。传师学师要三天三夜，做功德又要三天三夜，开支相当大，穷人负担不起，故传师学师没有全民铺开。新中国成立以后，这种原始宗教已基本消亡，还能组成班子表演的地方极少。

该教规定，父学师后传其子，未传叫"断头师"，寿服只能是红色，做功德时要请学过师的人代替其子当孝子。而传其子了，寿服则为青色。

畲族长篇史诗《高皇歌》也有记载：

"闾山学法法言真，行罡作法斩妖精。

十二六曹来教度，神仙老君救凡人。

香烧炉内烟浓浓，老君台上请仙宫。

奉请师爷来教度，灵感法门传子孙。

畲族历史长联画卷"祖图"（局部）

灵感法门传子孙，文牒奉请六曹官。

女人来做西王母，男人来做东皇公。"

畲民把"传师"作为崇敬祖先、教育后代而代代相传的一种祭祖活动。多数畲族村均有祖先龙麒形象的长数十米的"祖图"，祭祀时人人顶礼膜拜，甚是虔诚。"传师学师"是畲族以神话传说为依据，以崇敬先祖为心愿，寓有道教色彩的原始宗教活动。

畲族视传师学师为喜事，"传学"为荣，学师"弟子"要择黄道吉日，杀猪羊、备酒宴，六亲相贺。凡要学师的弟子，首先要挑回"游祖"。"游祖"是两只竹箱或扁桶，内有"祖图"、祖杖、香炉、龙角、灵刀、振铃钟等。学师仪式在弟子中堂进行。照壁前桌上设立香案，照壁上方悬挂太清、玉清、上清（三清神）佛像，左右栋柱挂"金鸡报更"、"玉兔搥药"图案，"祖图"悬挂在中堂两边板壁，梁上悬挂"闾山法主送兵马"、"传学老君有名声"、"本师传子宗"、"老师传本师"等条幅。

学师主持由十二个职位、十二人以上组成，分别是东道主、正坛师、保举师（相当于介绍人，几个人同时学师就有几个保举师）、度法师、引坛师、监坛师、净坛师、本师公（传师者）、东皇公、专职师、哈佬师和西皇母，梅香（奴婢）陪伴（西皇母丫鬟）两人。

"传师学师"的道具及其功用为：

《款头本》（传师学师内容的手抄本）——由主持师公保管，供排练活动用。

龙角（弯刀形吹号）——接神、招兵、叫天门用。

铃刀（一个铁环穿上许多铜钱）——赶凶星、驱鬼妖及舞蹈时

龙角

击拍用。

神鞭（即三十六节以上的小竹根鞭）——收妖用。

铰杯（即一条绳吊两只凹形铁片）——请神、卜神用。

手炉铃钟——接神、念经咒击拍用。

神尺——隔鬼开神路用。

净水碗（用带两三片竹叶的小竹枝把水洒向地、物、人）——洗净尘埃用。

传师学师还需配置锣鼓、琴（二胡、板胡）、箫、鼓板等乐器。

服装有赤衫（红色大襟长衫）、乌兰（青色大襟长衫）、帽子（仿诸侯帽的头冠）、拦腰、花鞋、神裙等。

传师学师活动内容十分丰富，有六十个段落，需三天三夜才能完成。法师们在布置好的厅堂内边念咒诵词，边配以灵刀、龙角、扁鼓、铃钟等道具的吹、摇、碰、击，在念、诵、唱、讲中边歌边舞。其舞姿刚健有力，粗犷朴实，人们在香烟缭绕、烛光闪烁的祭祀环境中，时而伴随着法师的虔诚、庄严、肃穆，时而又与欢乐的节奏产生共鸣，融入兴奋愉悦的境界。

在近六十个项目中，有的场合有歌无舞，有的场合歌舞并举，以舞为主的项目有造寨、请师爷、造井收师、拜神、造水洗坛、取法名、告神参牒、人客当茶、团兵、置龙坛、过九重山、告神置红楼等二十多个项目。

1. 请师爷（又名"安祖"）

意为请祖师爷安坐下来，帮助进行传师学师活动。中堂上头桌香案上六个香炉代表蓝姓（大小百千万念）六代祖宗位置；雷姓弟子设五个香炉，代表雷姓（大小百千万）五代祖宗；钟姓设五个香炉，代表钟姓（大小百万念）五代祖宗，故有"雷少念，钟少千"之说。

2. 造水洗坛

"三请上圣登宝座，王母仙娘真法坛，

师公师父行坛上，五营兵马立成行。

红旗屯左边，黑旗屯右边，

中坛护国镇大帝，大姊娘娘同安座。

要坐位,男官神孙弟子香烟袅袅,

踏吾坛,坎冥师艮者破交乾,

震上双行对一连……"

这是法师在造水洗坛项目中的念诵之词,"造水"即通过神诀将清水化为神水,再用神水将传师学师的坛场内东南西北中五方门窗及传师学师的所有法师弟子洗净后,才可以进行传师学师活动。法师在鼓乐声中一手捧净水碗,一手用竹枝蘸着神水边唱边舞,把神水洒向四方,净化天地。

3. 拜神

在祖师爷安坐坛场和神水净化天地的基础上,学师弟子在法师率领下,敬拜三清神,祝拜天地、祖师爷、本师公等,表示自己已具备了学师的条件。整个场面极其虔诚、肃穆。弟子一拜神仙,二拜下座兵马,三拜祖师本师,四拜打猎祖师。这时,琴声悠扬,齐唱祭祖歌《仙女把盏》。

仙女把盏

(祭祖歌)

1=C

中速、有力地

蓝兴荣 唱
雷献英 记

$\frac{2}{4}$ $\frac{3}{4}$ | 5 — | $\overset{65}{6}$3 0 | 5 3 3 | 5 6 5 | 5 2 2 | 2 0 |

呵　　　　呵　　　一声(哎)鸣角(唻)声(哎)冬　冬,

呵　　　　呵　　　二声(哎)鸣角(唻)声(哎)催　催,

呵　　　　呵　　　　三声(哎) 呜角(唻) 声(哎)屏　屏，

<u>5 6 5</u> 3 | <u>5 6</u> 5 | <u>5 2</u> 2 | 2 0 | <u>3 6</u> 5 | <u>5 2</u> 2 |

一双(啰哩) 仙女(喂) 出仙(哎)　宫，　　仙女(啰) 担郎(啊)

一双(啰哩) 仙女(喂) 出宫(哎)　来，　　仙女(啰) 担郎(啊)

一双(啰哩) 仙女(喂) 出法(哎)　坛，　　仙女(啰) 担郎(啊)

<u>3 6</u> ⌒<u>5 3 5</u> | ³⁄⁴5 0 | <u>6 1</u> <u>5 1</u> | <u>6 3</u> 5 | 1 1 · |

双杯(喂)　酒，　　保护娘命　得成(喂)　成(啰)。

双杯(喂)　酒，　　保护娘命　一千(喂)　岁(啰)。

双杯(喂)　酒，　　保护娘命　一千(喂)　年(啰)。

4. 造井收师　造老宫殿

造井收师时，法师用灵刀在地上画出两横两竖，写成"井"字，再用刀尖在"井"中一刺，口唱"吾使祖师罡诀，本师罡诀，手把火轮金刀下来造井，造起千丈金井，万丈金井，收到天师，收到地师，收到五伤头甲，白身童子，好心之人随我行罡，作法到阴司。恶心之人(白)打落千丈金井、万丈金井"。意思是为使传师学师不受干扰，法师请来祖师、本师，手握火轮金刀下来造井，把一切恶鬼野师打入千丈、万丈金井，让弟子安全进行传师学师活动。

造老宫殿即建造太上老君圣殿，作法师公头戴黄云念唱："脚踏十二大火轮，火轮有十二大火枪，请出左边仙童十二个，右边仙童十二人，不怕天，不怕地，不怕三百邪魔，克服东边水淼淼、西边水淼淼的困难，座头造起老君殿，让老君殿中坐，座尾造起三清殿，让三清大帝殿中坐，座中造起王母宫，让王母宫中坐，林十三郎当中坐，再呼起东营军，东军师，南营军，南军师，五向点兵在吾前，七向点兵在吾后，随我团团，随我左右，保护众神。"

5. 赐头冠衫衣（当天戴帽）

传师学师是光明正大的喜事，表示学师弟子已长大成人，可以露天戴头冠（帽子，红巾系头再戴头冠），再插头花（竹叶代表花朵），身穿红衫。弟子穿戴好衣冠，要诚心诚意（三拜）参拜祖师、本师。本师公将衣冠赐予弟子穿戴好。

6. 取法名

畲族视传师学师为喜事，学过师的人终生吉祥如意，生时能为人传师，死后能升天为官。取法名由东道士、正坛师在"三清大帝"香案上举行，把学师者的本名（二字书名）换上一个"法"，如法旺、法祥、法瑞等。取名后要由"铰杯"下地一阳一阴为"胜铰"确定后，将法名和传师学师的日期写在一块红色布条上，系在祖杖龙头下端，表示学师者为该师担下的弟子，获赐尊称，准穿红赤衫，允许当法师，有一定的社会地位。

7. 人客当茶

人客当茶是学师弟子确定法名后，众法师共同祝贺学师成功的仪式。仪式由保举师主持，担任保举师的人要与学师弟子不同姓，如弟子姓蓝，保举师或雷姓或钟姓。人客当茶中的"人客"主要指西王母。保举师泡茶招待，东道主执酒壶敬酒，众法师将酒斟入学师弟子碗中，表示向学师弟子祝贺，并齐唱《劝酒歌》。

劝酒歌

1=♭B 2/4 3/4 = 72

叙述地

〔1〕

```
3 6  6 2  | 3 5  3̂5̂3̂ | 1̲1̲1̲   5̲5̲5̲  | 1̲ 5̲  1  |
```
第一 角声　来劝　酒(哎)，第二(啊) 角声(哎)　来劝浆。

```
3/4 6̲3̲5̲ 3̂5̂3̂ | 2/4 6̲̇ 3̂̇ 6̲̇ | 6̲6̲ · 6̲3̲3̲ | 3 6  3̂5̂3̂ |
```
　仙人持杯　　来劝酒，　酒是去年(啊)　十月酒(哎)，

```
3̲3̲ ·  3̲3̲3̲ | 6̲1̲1̲   1   | 6̲6̲6̲  6̲6̲ · |
```
　浆是 去年(来)　　十月(啊)　浆。　　请你(啊) 三清

```
3/4 6̲3̲3̲  3̲ 6̲  3̂5̂3̂ | 2/4 3̲3̲3̲  3̲ 6̲̇ | 6̲ 3̲̇  6̲̇ |
```
　玉皇(啊)张 大 帝，　　　北极(啊)紫微　 神老 君。

〔16〕
```
3/4 6̲6̲6̲  6̲3̲ · 6̲3̲ | 2/4 6̲1̲  1̲1̲  | 3̲3̲ ·  3̲6̲6̲̇ |
```
　太上(啊)长眉 仙(哎)，　　短眉仙(啊)，　　八表真人(啊)

〔20〕
```
6̲3̲ · 6̲ | 3̲3̲  6̲6̲ · | 3̲6̲  6̲3̲3̲ | 3̲6̲  3̂5̂3̂ |
```
　龙虎 军。　第一　劝你　神仙　老君(啊)　尝试酒(哎)，

〔24〕
```
3̲3̲3̲  6̲3̲ · | 3/4 3̲3̲3̲  6̲3̲ · 6̲ | 2/4 6̲6̲  6̲6̲6̲ |
```
　劝你(啊)神仙　　老君(啊)尝试浆。　　　酒是去年(哪)

```
6 3 3   3 5 3  |  3 3 · 3 3 3  |  3 6 6   6  |
                                    〔28〕
十月(哎)酒(哎),    酒是  去年(来)  十月(哪)  缸。

3 6 · 3 5 3  |  5 1 · 1 1  |  3 3 · 6 3 3  |  6 1 ·   1 |
                                              〔32〕
甜如蜜(来)  味佳香(啊),  风吹南山(哎)    酒气  香。

3/4 6 6 6   3 6 · 3 5 3  |  1 6 · 6 1 1    1  |
只见(哪)男吃  酒(哎),    未见  女人(啊) 赏。

6 6 6   3 6   3 5 3  |  6 1 1   3 6 · 6 0  |  6 3 3   3 5 3  |
                        〔36〕
一盏(啊)劝一盏(哎),众神(啊)待饱满,    一杯(啊)劝一杯,

2/4 3 6 6   6 3  |  3 6 · 6  |  3/4 6 3 ·   3 6   6 3 ·  |
                              〔40〕
众神(啊)食酒  五颜  开。    红花  讲思味(哎),

3 3 · 3 6 · 6  |  6 6 6   6 3   6 3  |  1 6 · 6 1 ·   1 |
香金  讲由  来,  你要(啊)占那边来,  我要  占这  边,
〔44〕
6 6 6   6 3 · 3 5 3  |  2/4 6 1 ·   1  |  6 6 6   6 3 3  |
占转(啊)三何事(哎),    四何  方,    占转(哪)主人(啊)

3 6   3  |  6 6 6   6 3 3  |  3 3 ·   6 0  |
          〔48〕
良眷  属,  主人(啊)家属(啊)    得安  康。

3/4 3 6 6   6 3   6 3  |  2/4 6 6 6   6 3 ·  |  3 6 ·   6  |
天生(啊)无事者(哎)    齐来(啊)齐来    又齐  占。
                                          〔52〕
3/4 3 3 3   3 6   3 5 3  |  6 3 · 3 6 · 6 6  |  2/4 6 3 ·   3  |
如生(啊)不好者(哎),  牛角  两只生(啊),  内生  出,
〔56〕
6 3 · 6  |  6 3 3   3 6 ·  |  3 6 · 3 0  |  3 6 ·   6 6 6  |
外生  边,  两人(啊)同占  大厅  前,  无依烧香(啊)
```

〔60〕

$\widehat{3\ 6}$　$\widehat{3\ 5}$　3　|　$\widehat{6\ 3}$　·　$3\ 3\ 3$　|　$\widehat{3\ 6}$　·　6　‖

看子　弟（哎），　　无依烧香（哎）　　看新　罡，

$\frac{3}{4}$ $3\ 6\ 6$　$6\ 3$　$\widehat{3\ 5}$　3　|　$3\ 3\ 3\ 6$ · 6　|　$1\ 1$　$\widehat{1\ 5}$　5　|

香碗（啊）亦难值（哎），　　　水碗　亦难　擎。　微微　含笑，

$\frac{2}{4}$ $5\ 1\ 1$　|　$\frac{3}{4}$ $1\ 1$　$1\ 5$　5　|　$\frac{2}{4}$ $5\ 1$　1　|　1　—　‖

赴金场，　　微微含笑，　　　赴金场。

※"劝酒"是向请来帮助置立法坛的神兵敬酒。

8. 置龙坛

置龙坛意为给学师弟子置立学师的法坛。众法师齐唱："请来东方引坛结界三师童子郎行罡来结界，三师三童郎，为吾东道置龙坛，置起龙坛焰焰起，置起龙坛焰焰红。扶吾弟子受其法禄，游行天宫救良民。"

学师的法坛（以红纸代表法坛）必须请出东方三师三童子，三清大帝，北极紫微神老君，太上长眉、短眉仙，八表真人龙虎军等神仙，为弟子置起龙坛，受其法禄。

众师仙合力建造龙坛后，让取了法名的弟子稳坐坛内，有了职务，认为死后可以有马骑、有官做。

众法师围着置立的龙坛和龙坛中稳坐的有了法名的弟子奏请神君，扶其弟子受其法禄，游行天宫，普救良民。

9. 告神参牒

　　"告"即禀告，"神"是传师学师时请来协助的众神，"牒"指文书。告神参牒指的是传授法师将学师弟子的情况写成文书，设立香案，念念有词，禀告众神，祈求众神顺利通过。法师手握羊毫，挥笔写文书，参告众神。

　　10. 造神置红楼度法

　　学师弟子取定法名，又经告神参牒，获得通过，众法师围坐长桌，笑语盈盈，设置红楼共同庆贺。学师弟子另坐一边，法师们递酒送肉，让其享受学师成功的喜悦。在红楼内，法师循循善诱，耐心教育弟子，把龙角、灵刀、铰杯、神鞭、红裙、十二牒书（随葬文书）、太上老君印及手诀一一交付，并教其使用方法。（按规定，这节中还要让弟子喝下一碗神水，表示把"法"传给他了。）

　　11. 团兵

　　学师弟子领受了龙角、灵刀、铰杯、神鞭及手诀，掌握了带领兵马的本领。众法师手握灵刀、龙角，在锣声指挥下，围着弟子庆贺学师成功，庆贺法师队伍中又增一员，并拜敬祖师爷。学师弟子与众法师一起训练兵马，高唱："团转（哎）左营（啊）随左（啊）转，团转（啊）右营（啊）随右行，年年（啊）随郎（啊）脚步（哎）转，年年（哎）随郎（啊）脚步（啊）行。亦有（噢）四方（哎）人相（哎）请，五营兵马游行去四（哎）方。"

　　其中场面最为壮观惊险的是"过九重山"和"五岳山老虎抢

猪头"。

"过九重山"，即在中堂或野外开阔的地面上插九枝绿叶茂盛的竹枝，象征九座重重叠叠的高山；由引坛师带领学师的弟子，肩背包袱，脚穿草鞋，在竹枝间穿行，边走边唱边舞，好像在攀登九重崇山峻岭，象征学师弟子谋求生存和上闾山学法的艰苦历程。

"五岳山老虎抢猪头"，指的是学师弟子学法回来，途经五岳山时，正在用猪头祭谢五岳山神，突然蹿出一头猛虎，叼走猪头跑了，学师弟子奋勇向前，从虎口中抢回猪头。其动作显得紧张而惊险，颇具民族舞蹈特色。

传师学师舞蹈的主要动作有软步、硬步、两步半等，双膝微屈。"猎步"模拟祖先刀耕火种和狩猎生活的动作，"坐蹲步"一脚踏地，膝部向下颤动，富有弹性，沉稳健美，模拟挑担上山或扛木头姿势，以四角队形、左右对称等重复舞动，是畲族舞蹈中最有代表性的舞姿。

畲族男子十六岁开始举行学师仪式，也可在二十、三十甚至五十、六十岁举行，但学师后要传给下代，没有传给下代的叫"断头师"。学过师的人称"红身"，未学师的人称"白身"，畲民认为学过师的人活着不受人欺侮，死后会骑马当官，到阎王殿享受优待，阎王会拨兵马给他管带。

学过师的男子和当过西王母的女子，死后都要做三天三夜的大功德，认为如果不做的话，子孙不平安。学过师、传其子的死后穿青色寿服，学过师、未传其子的死后穿红色寿服，未学过师的只能穿蓝色寿服。

浙江省人民政府于2005年将传师学师（景宁畲族祭祀仪式）列入第一批浙江省非物质文化遗产保护名录。

二、做功德

"做功德"为追思死者、祭拜亡灵的一种葬礼仪式。据郑坑乡老艺人雷月亮（1914年生，法名法兰）口述：做功德分"大功德"与"小功德"两种，学过师（经过"传师学师"仪式）的人死后要做"大功德"，未经学师的人死后可不做，要做也只能做"小功德"，并称"白身功德"。

大功德要做三天三夜，小功德只需一天一夜。大功德第一天做请师爷、安祖、当门请神、破壁、出白、造井收师、落木、造老君殿等；第二天做奏牒、做祭、炊孝饭、拜七等；第三天做告神退兵、过十王、行道、唱功德歌、撩鹤、招魂、拆寨等。小功德不做奏牒、告神退兵、过十王、行道等段落。做功德还要另设一个"师爷间"。舞蹈有时在师爷间做，有时在灵堂做。大功德的中堂壁挂"十王佛"图，两边挂所谓畲族起源及姓氏由来的"祖图"（也可挂在走廊或大门外，是不受香火的），门口挂"门神"图及"金鸡"、"玉兔"图。师爷间中堂挂"三清"图，两边挂"打猎师爷"、"射猎师爷"、"左营右营

做功德

神兵"图。做功德时，念"开路经"后，凡死者下一辈都要在灵堂两边唱哀歌，以歌代哭来悼念死者。

做功德之前，艺人们扎好"寨"，畲民称为"座"，即用篾条扎成架子，再用红、黄、绿、白等各色纸粘糊而成的小房子，摆在灵堂桌子上，功德结束后，随同棺材一起抬上山烧掉。

灵堂布置在中堂，棺材头朝照壁放在中间，棺材头下点上油灯，放有烧纸钱的大钵；竖一番薯略（方言），略上贴上死者大位名，两边贴上孝联，中堂各柱上和大小门上也贴上孝联。番薯略前摆一桌子，祭品多者摆双连桌，桌上置香案，点上白色蜡烛，现代人还摆有死者遗像。左右壁之间还拉起一两条横绳，绳上挂上一些孝联。

"座"放在香案右角桌边。

布置好一切后，按吉时开始做功德。

做功德总的含义是后辈对先人表示尊敬并进行祭奠，用老艺人自己的话说就是"谢大人的恩情"。

做功德以舞蹈为主的段落有告神统兵、引客、打五狱门、造寨、团兵、引魂、唱功德歌、撩鹤等，大多是六人或四人边唱边舞，也有三人唱舞的，舞场设在死者的灵堂。

1. 引客

引客又称"请神安祖"。布置好灵堂和师爷间后，就开始请神安祖，法师们手握龙角、灵刀，由主持法师吹龙角指挥，众法师请师祖神灵光临人间，为亡故仙师某某人做阴寿。法师念完《接神书》、《三清祖神酒》，并请师祖神灵喝茶饮酒后，再由一师主到灵堂念《开路经》，另一师主到祠堂请祖先们回家参加做阴寿。所谓"引客"，就是把师祖神灵、祖先灵魂作为客人引回到灵堂和师爷间，纪念亡灵的阴寿。念完《开路经》后，就开始唱哀歌。

2. 造寨

造寨就是师公发号施令，调度兵马兴建大殿的意思。

"造起东方东营寨，五营兵马下来造东方。

楼上造起老君金大殿，楼下兵马乱纵横。

楼上造起千家兵马住，楼下造起万家兵马行。

五营等待五营军，五营兵马下来造东方。"

这是做功德时，法师们兴建老君金大殿的唱词。法师请来师祖神灵、祖先灵魂到灵堂或师爷间，就必须为神灵建造大殿，让师祖神灵和祠堂的祖先安歇殿中。

3. 团兵

众法师在锣声指挥下，边舞边唱：

"团转左营随左转，团转右营随右行。

年年随郎脚步转，年年随郎脚步行。

亦有四方人相请，五营兵马游行去四方。"

唱舞意为请来的师祖神灵和祖先灵魂在建好的大殿内召集神兵神将，共同为亡故仙师做阴寿。众法师一次次作揖行礼，感谢师祖神灵、祖先灵魂和神兵神将的到来。

4. 引魂

引魂也称"招魂"、"朝魂"，即带领亡故仙师做阴寿。众法师在主持法师的指挥下，手握龙角、铃刀，唱道：

"引魂童子引魂去，引魂童子引魂行。

一魂引转老君殿，二魂引转老君衙。

三魂引来净水碗，七魂引来郎香炉。

铃刀鼓角响当当，引你亡师上天堂。

有禄便做有禄歌，没禄便做水上萍。

招转亡师上天堂。"

众法师伴着歌声踩着刚健、奔放的舞步，时而四角，时而对舞，动作虽重复，舞姿却粗犷有力。

5. 小功德

小功德又称"打锞儿"，即击木拍绕棺跳舞。

小功德至少四人唱舞，也有六人唱舞，多者不限。领先者手执桐木刀，称"担当郎"，后面跟着拿扁鼓的称"鼓手郎"，其他人手执两块桐木拍的称"夜头郎"或"少年郎"。跳舞者边唱边舞，每前进三步击一下，旋转一圈又击一下，第一人是直立举一下木刀，其余人是面对面躬身击木拍，或屁股拱屁股击木拍。两边哭歌女子可以和唱，并与他们嬉耍。众人以鼓声、木拍撞击声伴着琅琅的功德歌声绕灵堂旋转，跳圈圈舞，很有节奏。从一月唱到十二月，刚好绕棺十二圈结束。例如唱三月的一段：

"三月清明暖洋洋，男耕田地女拔秧。

勤耕勤作禾苗大，秋后收成谷满仓。"

铜木刀"担当郎"所拿的木刀，据说以前是铜做的，因"铜"与"桐"谐音，后来就以"桐"代"铜"，用桐木制作了。木刀上还写有"敕今太老君衙前给出铜刀一把付于担当收斩春夏秋冬各瘟二十四瘟时气黄瀺红痧红丧急急如律令"等四十多个字。

6. 打五狱门

"五狱门"指东南西北中五门,打五狱门意为打通地狱。

畲族成年人死后,为超度亡灵,法师手握龙角、灵刀,将"五门"尽打开,取出亡故仙师到灵前,由法师对五门鬼神说因由。法师在龙角指挥下高声唱舞:

1=G 2/4
有力地

〔1〕　　　　　　　　　　　　　　　　　　　　〔4〕
5 5 · 5 5 ｜ 5 3 5 3 3 ｜ 3 1 1 ｜ 5 5 · 5 5 ｜

1、一声 角(来)　打开 东方　东 狱 门,　一声　角(来)
2、一声 角(来)　打开 东方　东 海 门,　一声　角(来)
3、一声 角(来)　打开 东方　东 津 门,　一声　角(来)

3 3 5 1 3 ｜ 3 1 1 ｜ 5 5 · 5 5 ｜ 5 3 5 3 3 ｜ 3 1 1 ｜
　　　　　　　　　　　　　　　　　　　〔8〕

打开 南方　南狱门,　一声 角(来)　打开 西方　西狱 门,
打开 南方　南海门,　一声 角(来)　打开 西方　西海 门,
打开 南方　南津门,　一声 角(来)　打开 西方　西津 门,

5 5 · 5 5 ｜ 5 3 5 3 3 ｜ 3 1 1 ｜ 5 5 · 5 5 ｜
　　　　　　　　　　　　　　〔12〕

一声　角(来)　打开 北方　北 狱 门,　一声　角(来)
一声　角(来)　打开 北方　北 海 门,　一声　角(来)
一声　角(来)　打开 北方　北 津 门,　一声　角(来)

5 3 5 3 3 ｜ 3 1 1 ｜ 3 5 5 3 3 ｜ 3 5 3 ｜
　　　　　　　〔16〕

打开 中方　中 狱 门。　弟子 五门(啊)　尽打开,

打　开　中方　　中　海　门。　　弟子　五门(啊)　　尽打开，

打　开　中方　　中　津　门。　　弟子　五门(啊)　　尽打开，

〔20〕

5 3 3 1 5 ｜ 3 5 5 5 1 3 ｜ 3 1 1 ｜ 3 1 1⌒5 ｜

取出(哎)亡故　仙师(哎)某郎①　到灵前，　听吾 弟子

取出(哎)亡故　仙师(哎)某郎　　到灵前，　听吾 弟子

取出(哎)亡故　仙师(哎)某郎　　到灵前，　听吾 弟子

3 1 1 1⌒ ‖

说因(啊)由。

说因(啊)由。

说因(啊)由。

　　三段唱词意为不管东南西北中的狱门、海门、津门，亡灵仙师在阴间都能畅通无阻。

　　7. 造井收师

　　造井收师是法师用灵刀在地上画两横两竖成"井"字，再用刀尖在"井"中一刺，口唱："吾使祖师罡诀，本师罡诀，手把火轮金刀下来造井，造起千丈金井，万丈金井，收到天师，收到地师，收到五伤头甲，自身童子，好心之人跟我行罡，作法到阴司；恶心之人打落千丈金井，万丈金井。"意思是：为使做功德不受干扰，法师请来祖师、本师，手握火轮金刀下来造井，把一切恶鬼野师打入千丈、万丈

———

① 某郎：在做功德时，添上亡者的名字。

金井,让亡故仙师安全地做功德。

8. 撩鹤

撩鹤也称"捞鹤",三人一组进行。一人肩背竹篓(也有用簸箕,畲语称"谷切"),手抓一把白米,另两人抬着一只布袋,绕着灵堂棺木,对歌作舞,左跳右跳,像抓白鹤鸟一样,通过引鹤、放鹤、言鹤,意为引魂升天,亡故仙师骑鹤上天堂。

众法师平稳地唱着:

1=F 2/4 ♪=80

平稳地

雷聪花 念词
雷延振 记谱

〔1〕

3 5 5 | 5 1 1 | 3 5 5 1 | 1 0 | 3 5 1 | 〔4〕

上洞(来) 下洞(来) 二三(啊) 岁, 三岁(啊)

3 5 · | 5 3 1 | 1 0 | 5 3 1 | 3 5 5 | 〔8〕

二(啊), 二三(啊) 岁, 主人(啊) 捞米①(啊)

5 3 1 | 1 0 | 5 3 5 | 3 5 5 | 5 3 1 | 1 0 | 〔12〕 〔16〕

使箩(哎) 装。 今日(啊) 撩鹤(啊) 是担(哎) 当。

5 6 1 | 3 5 · | 5 1 1 | 1 0 | 3 6 1 | 〔20〕

卖鹤(哎) 皮(啊), 卖鹤(哎) 皮, 银也(哎)

3 5 · | 5 6 1 | 1 0 | 5 5 5 | 1 1 3 5 | 〔24〕

何②(嗬), 米也(哎) 何, 问你(啊) 鹤皮 (啊)

① 捞米:即讨米的意思。

② 何:这里即"有"的意思。

5 3 1 | 1 0 | 6 5 5 | 5 3 1 | 3 5 1 | 〔28〕

卖几(哎) 多。 大个(啊) 卖银(啊) 三两(啊)

5 3 0 | 5 3 5 | 6 1 5 | 6 1 1 | 1 0 | 〔32〕 〔36〕

五(嗬), 小个(啊) 卖银(啊) 三两(哎) 三。

1 1 5 | 6 3 5 | 6 1 3 5 | 5 1 3 5 | 3 1 2 1 | 〔40〕

鹤皮(啊) 卖来(啊) 放在 (啊) 某郎 (哎) 灵台(啊)

1 0 | 6 1 1 | 3 3 5 | 5 1 2 1 | 1 0 | 〔44〕

上, 匠人(哎) 来做(啊) 巧人 (哎) 嫁。

1 5 5 | 3 3 5 | 3 5 1 | 1 0 | 5 5 5 | 〔48〕

亡故(啊) 仙师(啊) 身骑(啊) 鹤, 身骑(啊)

1 1 3 5 | 3 3 1 | 1 0 | 5 5 5 | 1 1 3 5 | 〔52〕 〔56〕

白鹤 (啊) 白茫(哎) 茫, 身骑(啊) 白鹤 (啊)

3 3 1 | .1 0 3 | 5 1 3 5 | 5 1 2 1 | 1 0 ‖ 〔60〕

上天(哎) 堂, (啊) 快活 (啊) 渺茫 (啊) 茫。

做功德唱舞时,灵堂内响起嘟嘟的龙角声、嚓嚓的铃刀声、哐哐的锣声、咚咚的鼓声、咽咽的木拍声、琅琅的念诵祭词声和悼念死者的哀歌声,形成一支合奏曲,气氛肃穆紧张。

做功德中的"功德歌"一段,歌词每句开头的衬词"齐"是"大家一起"的意思。"担当"拿的桐木刀和"少年"、"夜郎"所拿的木拍,据说原来是为了在寻找盘瓠尸首时防止野兽侵害。

　　做功德在畲乡代代相传, 妇孺皆知。做功德是为了让亡魂得到阎王优待, 是以阳间设想阴间的有神论思想结晶之一, 而实际只是活着的人贯彻 "孝道" 的行为。畲族没有文字, 做功德就是通过歌舞来纪念和歌颂祖先盘瓠的丰功伟绩, 宣传做人的道德, 并以此达到教育后人、尊敬祖先、孝敬父母的目的。

　　做功德的动作不多, 粗犷、有力、对称。最为典型的是身体往下坐, 曲膝, 顿挫而有弹性, 气氛庄严、肃穆, 充溢哀悼之情。舞蹈队形受场地限制, 主要以绕棺、横队、纵队、四角站为主。两人时而面对, 时而背向, 边转身边行进是 "做功德" 最具特色的队形。

　　做功德所用的道具, 以龙角、灵刀为主。龙角一则起指挥作用, 龙角一响, 众人起舞, 二则用于渲染气氛, 在念、唱或舞毕, 昂吹一阵, 声音浑厚、沉闷。灵刀 (匕首柄下面

做功德

是铁环,环中穿着铁片或铜钱,用手一抖会发出"嚓嚓"的声音)被视为捉妖驱鬼之神刀,无论在念还是唱时,始终随着动作的强拍而击,起着指挥舞蹈的作用。这两种道具所发出的声音,更增添了该舞的粗犷、顿挫之特色,起到了烘托气氛的作用。

做功德需一个房照先生、一个房照徒弟、一个引师、一个童引、两个孝道、一个师主、一个招魂、三个童子、四个唱功德(担当、鼓手、少年、夜郎),共十五人。小功德只要孝道两人、师主、招魂、唱功德四人就可以了。

①房照先生、房照徒弟:"房照"为畲族做大功德时主持法师的职称,许多活动由其领先,房照先生为尊称。房照徒弟是在做功德时为房照拿灯照明"法书"的角色。在灵堂桌边坐念的经文有《开路经》、《日光经》、《观音经》、《妙沙经》、《北斗经》、《解冤经》、《化钱经》、《玉皇宝诰》、《谢恩经》、《丰都经》、《小观音经》、《三官经》、《目莲经》、《眼明经》十四本。念念停停,直至出丧前念完。

②引师、童引:这是做大功德活动时,跟随在房照后面的两个法师的职称。

③孝道:做大、小功德都要有两个孝道在亡人灵前唱祭奠亡魂的词。这两个人可由没学过师的人来做。

④师主:做大、小功德都有这角色,其主要职责是在亡人灵堂

开始活动之前驱除宅内的凶神恶煞,俗称"破壁"。

⑤招魂:做大、小功德都有这角色,其主要职责是在功德做完时,通过"招魂",把亡人的香炉并上本家总的香炉。

⑥童子:做大功德时,跟随在房照、引师、童引后面活动的三个少年。一个端神仙老君香炉,一个打锣,一个敲鼓。

⑦担当、鼓手、少年、夜郎:唱功德歌时四个边唱边跳的角色。其中拿桐木刀领先的称"担当",跟随"担当"击鼓的称"鼓手",后面击木拍的称"少年"、"夜郎"。四人绕棺跳舞。

⑧长连图:畲族祖图中,画有畲族始祖盘瓠征番有功而受封迁往广东凤凰山居住,后因打猎丧生,葬于广东龙虎山的连环画图。分上下两联,共长约二十余米。

[叁]婚嫁仪式

畲族青年通常在三月三举行别具一格的畲族婚礼,新中国成立以后仍然延续这种习俗。近年来常常在三月三举行畲族集体婚礼,2008年参加婚礼的新人有十八对,其中还有一对外国新人。畲族婚嫁的主要过程有:

一、拦路迎亲

畲族实行一夫一妻制,远房同姓亦可婚配。民间婚姻程序有相亲、定亲、送日子单、送酿酒米、办出嫁酒席、办娶亲酒席、第三天回门、第一个春节拜年等。若是自由恋爱,可省去相亲一节。其中

旧时婚嫁（1）

旧时婚嫁（2）

拦路

最有特色的是办出嫁酒席。这天，男方组织迎亲队伍来女方家中，入村时放三个双响鞭炮，村上姑嫂们即拿杉木枝拦于大门外的路上，表示晚上要对歌。赤郎（对歌手，男方全权代表）折两小枝杉木枝放在路上方，折一小枝放置路下方，表示已明白亲家的安排。放大量鞭炮，递一个红包给姑嫂，姑嫂们就撤去拦路。有的地方是关门迎亲，即在门外放大量鞭炮后，塞进一个红包，里面姑嫂们就会开门了。

娶亲歌

1=F 4/4

雷聪花 念词
雷延振 记谱

‖: 56 63 56 3 | 3 5·663 | 56 3 — — | 56 1 56 3 |

听着赤郎近日来，　哩　喽赤郎　担　酒　　又担哩　菜。
日头寮里起身来，　哩　喽收拾　店　货　　百样哩　菜。
听着赤郎来娶亲，　哩　喽娶亲　行　郎　　一行哩　人。
栋干担酒两头超，　哩　喽行李　酒　菜　　成对哩　添。
赤郎担酒过川纯，　哩　喽落我　娘　寮　　来娶哩　亲。
栋干担酒入娘寮，　哩　喽闹闹　盈　盈　　放火哩　炮。
赤郎担酒过条背，　哩　喽落我　娘　寮　　度花哩　栽。
栋干担酒入娘家，　哩　喽寮内　叔　伯　　笑呵哩　呵。
赤郎入寮厅边坐，　哩　喽请你　行　郎　　去洗哩　脚。
妻母阿姨真客气，　哩　喽接我　行　郎　　厅边哩　骑。
赤郎担酒上条岭，　哩　喽我娘　骑　在　　岭头哩　看。
我郎入寮坐厅边，　哩　喽寮内　叔　伯　　快活哩　仙。

| 3 56 61 56 | 63·5·6 | 33 565 3 — | 656 1 565 3 :‖

山珍海味办得　好哩，　哩　喽一路行　来　　笑哎哩　哎。
样样店菜收拾　好哩，　哩　喽担落娘　寮　　度花哩　栽。
担鸡担肉又担　酒哩，　哩　喽一路行　来　　真高哩　兴。
叔伯阿姨来接　待哩，　哩　喽杉树刺　枝　　拦路哩　头。
你郎娶亲莫乃　紧哩，　哩　喽我好留　妹　　耕年哩　春。

妻母阿姨来接　待哩，　哩　喽　接我行　郎　坐　厅　哩　边。

落我娘寮度花　扭哩，　哩　喽　一路行　来　配　成　哩　对。

叔伯阿姨来接　待哩，　哩　喽　又是问　好　又　端　哩　茶。

脚水凉热正正　好哩，　哩　喽　洗了行　脚　食　蛋　哩　茶。

叔伯阿姨耐爱　好哩，　哩　喽　桌上又　是　排　点　哩　心。

落我娘寮度花　担哩，　哩　喽　一路行　郎　唱　歌　哩　听。

担鸡担肉又担　酒哩，　哩　喽　食了酒　茶　唱　歌　哩　听。

二、念谜借锅

畲族的嫁女酒有两餐，中餐叫"落脚酒"，由女方宴请男方前来迎亲的队伍，客人坐首席；晚餐是用男方挑来的菜肴宴请女方客人，

借锅

女方至亲坐首席。故午餐后要举行"借锅"仪式，意为男方借女方的厨师、炊具办酒席。赤郎端来一个放有一对点燃的红烛、两块豆腐、一刀肉、一个厨师红包、一对绑腿布的米筛，向灶神作揖后，开始念开场白："郎儿住山头，多见柴林，少上书堂，古礼难全，念错莫怪，请阿姨舅姆多多原谅。""借锅"词第一段是对女方家美景的赞扬："今日来到太公乡，太公住的好寮场，门前麒麟对狮子，寮后金鸡对凤凰，龙马相会在寮场，观音坐落在中央，金字寮门八字开，郎儿借锅上门来。"接着是念炊具的谜语词，姑嫂们先把能藏的炊具都藏起来，等念到一样，拿出一样，念不到不拿出，要从头再来一遍。谜语是顺口编的：

"借你阿姨四四方方一堵墙（灶台），

中央开个大龙潭（铁锅），

借你阿姨铜镜双双对月光（锅盖），

借你阿姨金鸡洗浴海中央（木勺）。"

炊具约有三四十样，"借"齐后，把菜刀口对着自己向厨师作揖，厨师接过，反转刀口作揖，算是仪式完成。红包和肉给厨师，绑腿布给烧火的女子。

三、杀鸡罚酒

借锅后是赤郎杀鸡，鸡血不许滴到碗外，滴出一滴要罚一碗酒。为了要赤郎，姑嫂们故意来碰撞，使血滴到碗外去，就提酒壶拿碗来罚酒，不喝就抓住头部捏住鼻子往嘴里灌，甚至把锅烟灰抹到赤郎脸上去，以此嬉耍热闹。

四、举盘敬酒

晚餐开始后，赤娘（代表新娘的女歌手）和一位新娘的姐妹端着放有一对红烛、一双酒杯的盘子来敬酒，从首席第一位舅公开始。盘子放到桌前，姐妹告知客人称呼后，赤娘开始唱敬酒歌："一对酒盏花又红，端上桌来敬某某，敬你某某食双酒，酒筵圆满结成双。"唱完，姐妹斟满双杯酒，赤娘端杯敬客人，客人放入桶盘一个小红包，接杯饮完。各桌所有的客人都要一一敬过。这些红包，一部分给赤娘作手薪，一部分给姐妹，叫"分姐妹钱"，大部分给新娘带到夫家去，以后给孩子打制帽子银牌。

敬酒

敬 酒 歌①
（婚仪歌）

1=B $\frac{2}{4}$ $\frac{3}{4}$

中速 稍慢
（假声演唱）

雷献英 记词记曲

$\frac{2}{4}$ 1 1　5 6 | 6 5 3 | $^3_4$5 － | $^3_4$6 1　3 5 6　$^6_5$3 |

一双　酒盏　花来　红(哩)，　奉上　酒　　筵

一双　酒盏　花来　红(哩)，　宣你舅　　公

你做　舅公　就是　大(哩)，　我送　舅　　公

$\frac{2}{4}$ 6　6 5 3 | $^3_4$5 － | $^6_5$3 － | $^3_4$3　5 6　$^6_5$3 |

劝 (啰)　舅(哩)　公，　宣②你舅公

酒 (啰)　双(哩)　杯，　宣你舅公

一 (啰)　双(哩)　鞋，　不知　穿着

$\frac{2}{4}$ 1 5　$^6_5$3 | 6 5　$^{35}_{}$3 | 3 6　$^6_5$3　3 5　6 |

吃双　酒(啰)，　酒　筵　圆满　结(啊)成 (哩 啰)

吃双　酒(啰)，　酒　筵　圆满　结(啊)成 (哩 啰)

穿不　着(啰)，　穿若　不着　当(啊)草 (哩 啰)

$^6_5$3 － ‖

双。

对。

鞋。

___

① 该歌为畲族民歌，用畲语演唱，敬其他人时，换成新娘对他的称呼。
② 宣：畲语，表示敬重的音。

五、长夜对歌

畲族婚嫁，最热闹、最有趣的要数长夜对歌。

长夜对歌于新娘出嫁前夜在女方家举行。晚宴一结束，对歌即开场。

所谓"歌场"，是用喜宴的三四张八仙桌一字儿排在丈间（厅堂），点燃两支大红"囍"字烛，摆些水果干果，冲泡许多杯上等的惠明茶。男女赤郎（歌手）各若干人，其中一人为主歌手，分坐在桌子两边的主座上，其余的分坐在自己的一方，开始对歌。

歌头由赤娘开场挑战，歌词一般是：

"水在高岸石下流，鱼在坑边水上游。

白碗泡茶奉献上，敬请贤郎起歌头。"

长夜对歌

赤郎接唱：

"路途遥远隔山岭，小娘山歌真好听。

新做赤郎到娘寮，只怕歌少回不了。"

歌头一开，男女赤郎的山歌就如清泉喷涌，一唱一和，你逗他答，斗闹开了歌台。长夜对歌中，大多是祝贺喜庆吉祥的喜歌，如《嫁女歌》、《度亲歌》、《红轿歌》、《成双歌》、《种田歌》、《采茶歌》，也有唱传统史歌《高皇歌》、《盘古歌》、《十八帝》、《兄弟结亲》、《封金山》以及《二度梅》、《白蛇传》、《洛阳桥》等"小说歌"。

在对歌中，坐在两旁的其他人可以参与对歌，为一方助兴。除了唱传统山歌外，亦可以唱情歌、谜语歌、学字歌等，山歌内容有手抄本的，更多是即兴创作的。

半夜，主家烧好点心招待长夜对歌和听歌的人。这时就唱《点心歌》和《时辰歌》，再吃点心，之后继续对歌。

天快亮的时候，唱起《保佑歌》，祝福新人美满幸福。天亮时，赤郎代表男方唱起《催亲歌》：

"鸡公报晓天将亮，奉请主家扮新娘。

丑时路上慢慢行，卯时夫妻好拜堂。"

《催亲歌》后，新娘行完离开娘家前举行的"办回盘"、"溜筷"、"衔千斤饭"等出嫁仪式，男女赤郎按程序唱《起身歌》及《上轿歌》，最后在《十二生肖》歌声中宣告结束。

十二生肖

雷聪花 唱词
雷延振 记谱

正月哩寅肖肖虎 郎，	哩	啰肖虎 一世	在 山哩 上。
寅肖哩肖虎实在 歹，	哩	啰出来 寻食	头 抬哩 高。
二月里卯肖兔 郎，	哩	啰肖兔 一世	在 茅哩 黄。
卯肖哩肖兔实清 气，	哩	啰身上 生毛	似 茸哩 衣。
三月哩辰肖人肖 龙，	哩	啰黄龙 载水	润 田哩 中。
辰肖哩肖龙会上 天，	哩	啰身上 又生	五 色哩 斑。
四月哩巳肖人肖 蛇，	哩	啰出生 有娘	又 无哩 爹。
巳时哩肖蛇实在 懒，	哩	啰路头 路尾	转 个哩 盘。
五月哩午时人肖 马，	哩	啰嘴食 平洋	百 草哩 花。
午肖哩肖马身细 条，	哩	啰四足 长短	好 进哩 高。
六月哩未时人肖 羊，	哩	啰羊栏 又用	板 来哩 相。
未时哩肖羊白洋 洋，	哩	啰羊栏 又用	板 来哩 拼。
七月哩申时人肖 猴，	哩	啰上山 不怕	树 尾哩 高。
申肖哩肖猴身一 条，	哩	啰山林 石碧	转 身哩 快。
八月哩酉肖人肖 鸡，	哩	啰未先 呼鸡	米 落哩 地。
酉肖哩肖鸡好名 声，	哩	啰未成 呼鸡	米 先哩 拿。
九月哩戌时肖犬 郎，	哩	啰肖犬 一世	在 家哩 堂。
戌时哩肖犬是乌 龟，	哩	啰又会 赶山	会 臭哩 气去。
十月哩亥时人肖 猪，	哩	啰石砌 高墙	不 得哩 去。
亥时哩肖猪吃嫩 糠，	哩	啰石砌 高墙	得 不哩 上。
十一月哩鼠肖肖鼠 郎，	哩	啰肖鼠 一世	在 楼哩 梁。
子鼠哩肖鼠实在 多，	哩	啰到处 天下	都 也哩 何。

十二月哩丑肖人肖	牛，	哩	啰一年	田中	耕	儿哩	遭。
丑时哩肖牛是天	变，	哩	啰出生	就在	泥	里哩	眼。
十二哩生肖十二	年，	哩	啰杨柳	抽芽	叶	兰哩	兰。
十二哩生肖十二	岁，	哩	啰杨柳	抽芽	叶	盖哩	盖。

　　畲族婚嫁为什么要长夜对歌？一是因为畲族人民天生爱唱山歌，婚嫁是人生最大的喜事，办喜事人多，是唱山歌最好的时机；二是过去畲民居住条件很差，办喜事客人多，安排住宿困难，长夜对歌，既热闹、喜庆，又解决客人的住宿，是畲族人民的智慧选择。所以婚嫁时长夜对歌，成了畲家最珍爱的"传家宝"。

六、带种出嫁

　　人生最大的事莫过于婚嫁，每个民族都有不同的婚嫁仪式，景宁畲族就有带种出嫁的独特方式，以稻、玉米、豆、花生等种子做嫁妆，叫"带种出嫁"。

　　还有"带种猜种"仪式，新娘家把精选的种子分装在两对枕头里，分别藏在两只做嫁妆的木箱中。出嫁那天，把加锁的木箱搁在厅堂上，要男方来迎亲的当门赤郎当众"猜种"。猜种时，女方赤娘唱《藏种歌》，男方赤郎唱《猜种歌》，猜不对可再猜，猜对后，赤娘唱《送种歌》，赤郎回唱《接种歌》，对新娘"带种出嫁"表示感谢。"带种出嫁"蕴涵着新娘到夫家后，像种子一样落脚生根、开花结果的寓意。这些在浙江多种地方志中均有记叙。

七、农具陪嫁

《景宁县志》载"其奁具则耒焉，耜焉，镃基焉"。

畲族姑娘的嫁妆，以生活和生产实用需要为本。昔日由于畲家普遍贫困，嫁妆极其简单，一般是一只高脚华柜，两只木箱，一床麻织蚊帐，一床蓝土布包裹的棉被，这些东西还要看女方经济能力；但是农具陪嫁则必不可少，农具中的犁、耙、锄、箬笠、蓑衣是必须的"五大件"，其他如柴刀、镰刀、刀鞘、草鞋等也常作为嫁妆。

八、黄牛踏路

新娘出嫁的日子必须选择黄道吉日，如果新娘出嫁那天经过的路已有一位新娘走过，叫作"旧路"，两位及以上新娘出嫁的路径相同，或者有一段路相同，双方不是"争时抢路"，而是事先商量。

黄牛踏路

一般让路程较远的新娘先走，后行的新娘不能走旧路，就牵来一头黄牛，头戴大红花，双角系红布，由这头"盛装"的黄牛在前面"踏路"，表示又是"新路"了。这叫"牛踏路"，这头牛叫"踏路牛"。

九、夜行嫁

畲家风俗规定，新娘要卯时进夫家门，故新娘要按路程算好，在后半夜就开始起行，以往多为步行，少数有坐轿。畲家大多住在深山，行嫁需翻山越岭，行嫁新娘穿着由父母请来父母双全的"福人"编打的草鞋，草鞋的四个襻上，系上四枚古铜钱，行走时铛铛响，有避邪、祝福的寓意。

新娘出门时间一般都选择在深夜，天亮就赶到夫家。新娘从娘家出门起行后，就不许回头看望，回头看望则有要走"回头路"之含义，夫妻就不能白头到老。新娘行嫁途中力求避免遇见陌生人，在离开娘家时身上带着许多豌豆，如果路上碰见生人，特别是孕妇，就撒些豌豆，以示祛邪秽、保吉祥。

十、嫁男改姓

如果畲族男子到女方落户，女方付给男方一定彩礼，即嫁男。山区娶媳妇较难，但有了女儿娶个男人较容易，最偏僻的山头也有人来。畲民多兴嫁男，男方家叫"去当儿"，女方家称"喊儿"。许多村有一半是"喊儿"。嫁男和嫁女办酒席是一样的，只是换了女方来娶。嫁来的男子要改女方姓，然后子女也姓女方姓，这样的族规是

喜宴

为了让畲族的姓氏不乱。嫁来的男子不会受村坊和家庭歧视，还避免了难以处理的婆媳关系。有的汉族男子也喜欢到畲家"当儿"，只要学会畲语，和村民的关系就很融洽。

十一、做两头家

如果双方都为独生子女，要负担双方父母，就两边走动，种好两家的田。双方各自办酒席，不讲彩礼，客人同样来贺喜。男子先到女方家拜堂，再双双到男方家拜堂。等子女长大后，再分开继承。也有阶段性做两头家，即一方弟妹未长大或父母有病、缺少劳力，则等弟妹成婚后，女方再到男方家。

[肆]赶歌会

畲族民歌是畲族人民的口头文学，是畲族文化的重要组成部分。畲族只有语言，常借用汉字记录畲语音法手抄歌本。旧社会畲民没有学文化、受教育的机会，把学歌唱歌作为一种重要文化生活。所以，畲歌在畲族人民中普及率较高，人们常以歌代言、沟通感情，以歌论事、扬善惩恶，以歌传知、斗睿斗智，形成了一套上山劳动、接待来客、婚丧喜事的对歌习俗。

赶歌会对歌是畲族三月三活动的重头戏。这一天，夜幕降临，畲民们围在熊熊燃烧的篝火周围，唱起山歌，跳起畲舞。以前，大多是背唱历史流传下来的《高皇歌》、《封金山》等手抄本，或者根据发生在景宁外舍和暮洋湖的真实事件，创作出如《打盐霸》、《打酒局》之类的斗争山歌以及《汤夫人》之类的孝女歌，大多是即兴编唱的情歌、劳作之歌，以歌颂真善美为主要内容。

《高皇歌》节选

古田罗源侬连江，都是山哈好住场；

乃因官差难做食，思量再搬掌浙江。

福建官差欺侮多，搬掌景宁侬云和；

景宁云和浙江管，也是掌在山头多。

景宁云和来开基，官府皋老也相欺；

又搬泰顺平阳掌，丽水宣平也搬去。

蓝雷钟姓分遂昌，松阳也是好田场；

龙游兰溪都何掌，大细男女都安康。

盘蓝雷钟一宗亲，都是广东一路人；

今下分出各县掌，何事照顾莫退身。

盘蓝雷钟在广东，出朝原来共祖宗；

今下分出各县掌，话语讲来都相同。

盘蓝雷钟一路人，莫来相争欺祖亲；

出朝祖歌唱过了，子孙万代记在心。

盘蓝雷钟一路郎，亲热和气何思量；

高辛皇歌传世宝，万古留传子孙唱。

如今，则编出许多歌颂党的好政策、歌颂祖国和畲村巨大变化的新歌。近几年来，景宁还先后邀请云和、丽水、苍南、泰顺、福安、宁德、罗源、霞浦、福鼎、连江、广东、江西、贵州等地畲族歌手演唱畲族传统民歌。畲族姐妹欢聚一堂，一展歌喉。

情　歌
（对歌）

1=♭A　2/4　3/4

中速
（假声演唱）

雷献英 记词记曲

2/4 5̲ 3̲ 6 5̲ 3̲ 3 | 5̲ 1 5̲3̂ | 5̲ · 6 | 3̲ 5 5̲3̂ | 3/4 1̲ 6̲ 6̲ 1 3 5̲ 6̂ |

1.(女) 娘 是 这边(啊) 郎那边(啊) (哩啰)， 唱(哩) 条　 歌儿给(啊)郎(哩)

娘 在 这背(啊) 郎那背(啊) (哩啰)， 唱(哩) 条　 歌儿给(啊)郎(哩)

5̲3 — — | 2/4 1̲ · 3 5̲ 6 | 6̲ 5 1 3 | 5 · 6 | 3/4 3̲ 6 6̲ 5 5̲3̂ |

还。　 唱 条 歌儿 给郎渡(哩　哩)，　 不知你 郎

回。　　　唱　条　歌儿　给郎　渡(哩　　哩)，　　不知　你　郎

$\frac{2}{4}$ $\overparen{5\ 3}$ 6 $\overparen{5\ 3}$ | 5 · 6 | $\overset{5}{\underset{}{}}$3 — | 1 6 $\underline{5\ 3\ 3}$ | 5 1 $\overset{5}{}$3 | 5 · 6 |

转1=F

还 (啰)不　　(哩　啰)　还。　2.(男)郎是 这边(啊)　娘那边　　(哩　啰)

回(啰)不　　(哩　啰)　回。　　郎在 这背(啊)　娘那背　　(哩　啰)

$\underline{6\ 3\ 3}$ $\overparen{3\ 6}$ | $\overset{5}{}$3 — | $\overparen{6\ 5}$ 6 $\overset{5}{}$5 | $\overset{5}{}$3 — | 1 6 $\underline{6\ 3\ 3}$ | 5 6 $\overset{5}{}$3 |

听娘(啊)唱(哩)　歌，　　讲(哩)歌(哩啰)声，　　贤惠少娘(啊)　唱好 歌

对面(啊)唱(哩)　歌，　　浪(哩)过(哩啰)来，　　贤惠少娘(啊)　唱好 歌

$\overparen{5\ ·\ 6}$ | $\underline{6\ 3\ 3}$ $\overparen{3\ 6}$ | $\overset{5}{}$3 — | $\underline{5\ 6\ 5}$ 3 $\overparen{5\ 6}$ | $\overset{5}{}$3 — — ‖

(哩啰)，我郎(啊)听(哩)　着，　　过(啰)来(哩啰)　　还。

(哩啰)，我郎(啊)听(哩)　着，　　过(啰)来(哩啰)　　回。

歌唱畲族三月三（畲语）

作词：蓝永潇

作曲：陈树　朱德荣

演唱：蓝永潇

又系三月三　山哈人嘅节气

爹娘何交待　芥日着记得

又系三月三　山哈人嘅节气

每年嘅今日　今日非平时

来来来来来啊来　大家来会一会

大家把歌唱出来　我唱你来回

来来来来来啊来　兄弟姊妹都着来

我们大家来碰杯　一杯接一杯

又系三月三　山哈人嘅节气

来食乌米饭　芥饭何意义

又系三月三　山哈人嘅节气

畲族嘅英雄　名唤雷万兴

来来来来来啊来　大家来会一会

大家把歌唱出来　我唱你来回

来来来来来啊来　兄弟姊妹都着来

我们大家来碰杯　一杯接一杯

今日真高兴　酒食醉　笑开嘴

明年嘅今日　我们再相会

来来来来来啊来　大家来会一会

大家把歌唱出来　我唱你来回

来来来来来啊来　兄弟姊妹都着来

我们大家来碰杯　一杯接一杯

来来来来来啊来　大家来会一会

大家把歌唱出来　我唱你来回

来来来来来啊来　兄弟姊妹都着来

我们大家来碰杯　一杯接一杯

噢呵……

[伍]传统体育

畲族人民在劳作之余的休闲娱乐活动中，创造了不少民间传统体育竞技项目。畲族民间传统体育活动竞技性强，活动场面欢快热烈，如操石磉、问凳以及抄杠、赶野猪、押加等。

浙江省文化厅、教育厅公布浙江省非物质文化遗产传承教学基地，景宁县民族中学的"问凳"名列其中。

一、问凳

上古时代，人类处于蒙昧时期，畲族家庭有人身染疾病或受灾难，便以"问凳"方式祈求神灵保佑，以期消灾驱邪保安宁，是一种宗教祈祷活动。

具体方式是在一个三脚架上放一块长木板，像跷跷板的样子，双方分别坐在凳的一端，一问一答，告知除病消灾的方法，因此称为"问凳"。1987年开始，逐渐被改造成民族体育项目。

二、操石磉

关于操石磉，有几种传说。

传说之一，瓯江支流的小溪边有个大均村，村中有一条长长的

问凳

操石磉

卵石街。一天，几个顽皮的儿童在河里洗澡，见到一块圆滚滚的石头，背回来放在街上滚着玩耍，发出隆隆响声，后来孩子们纷纷效仿。随着时间的推移，逐渐演变成体育娱乐活动。

景宁大均现在还流传着这样一种说法：大均村像一把倒置琵琶，村里四条用卵石铺的石街是四条琴弦，琵琶不弹不响，村里便会有灾难，因此年年都要弹，弹得越响越好，村里就能人兴财旺，消灾避祸。一位聪明的地理先生向人们传授了"操石磉"这样一种"弹"法，从此，操石磉逐渐成为体育活动，一代一代延续下来，一直流传到现在。

传说之二，很久很久以前，三公主生下三男一女，三儿子出生时，听见天上雷响，便以雷为姓，取名巨佑。天上的雷公晓得了气煞，坐在桌边喝闷酒。雷婆闪电一看，平时爱跳爱唱的雷公今天这样生气，便走到桌边，捧起玉壶给雷公倒了一大杯酒，坐下来问："你今日为啥事情这样气？"雷公一拳捶在桌上，一口气喝完一大杯酒。闪电不愧是贤娘，慢慢地说："古话说'夫妻面前要说真'，你不妨说出来让我听听，也许我能帮你想个办法。""贤娘，天上有几个姓雷？""只有你一个呀。""是啊！雷是我独姓，现在凡间高辛王的三公主那第三崽也姓雷了，你说我气不气？""这样小事一桩，你可到凡间去同雷巨佑说，比比谁叫得响，谁就姓雷。"雷公想了想，自己叫起来轰隆隆响，凡间胆小鬼听了都要抱起头来，一定是自己赢，便下凡来了。

雷公到了凡间，寻到三公主寮里，坐在中堂的交椅上瞪着眼睛问："你家里，谁姓雷？"雷巨佑从房间里走出来说："我姓雷，你是谁呀？""你不晓得，我是天上的雷公。我问你，你为啥事要与我争姓？""我没和你争姓，听阿娘说我生下来时天上轰隆隆地响，我便姓雷了，这没啥错嘛！""没错，还没错，你嘴挺硬！比比看谁叫得响，若是我响些，你就不准姓雷。"雷巨佑点了点头说："比响是你提出来的，日子要由我选。"雷公瞪圆了眼睛说："可以。""那就从正月初二开始比，并且要让我先响，你肯吗？"雷公答应后，就回天上去作准备了。

天上方一日，人间就一年。这时的雷巨佑已经十五六岁了，聪明得煞。他叫采石老司采了几块石头，底面磨得滑溜溜的，有的重几十斤，有的重百来斤，还准备了竹竿，等候同雷公比。

正月初二，雷公请太上老君做证人，在天上看雷巨佑究竟做啥把戏。雷巨佑唤来两个崽，一个崽抱好另一个的腰，一个则用脚蹬着一块磨盘大的石块，在石头铺成的街道上来来去去，石块与街道之间就发出"轰隆隆"的响声。旁边的山哈问雷巨佑这叫啥东西，雷巨佑把它叫作"操狗磙"。雷公在天上看着笑了笑，觉得巨佑无非是这点本领。接着雷巨佑唤来三个后生，其中两个后生手里拿着一根碗口样粗的竹竿，另外一个后生双手从背后抱着竹竿，脚蹬着一块约有百十斤重的大石块，像飞一样跑。双方从相距不远处出发，各自摆好阵势，运足力气，两块石磉在街头相遇，发出"轰隆隆"的响声。旁边人问雷巨佑这叫作啥，雷巨佑说是"对磉"。

雷公在天上听了，正想发作，可他却被雷巨佑算计了。打雷是要立春过后三月才行，正月初二怎能响雷？雷公便气得煞，想下凡跟雷巨佑算账。太上老君好言相劝。雷公想当初要不是太上老君做媒，也娶不来闪电当老婆，只得写了几张字条飘下凡间，允许巨佑姓雷了。

山哈们觉得这样做有意思，为了气气雷公，就形成了正月初二到正月十五操石磉的习俗，流传至今，成为畲家传统体育活动的重要项目。

三、赶野猪

千百年来，畲民绝大部分居住在大山深处，以务农为生，主要种植番薯、大豆、玉米等农作物。大山里野猪多，糟蹋农作物非常厉害，野猪经过的地方，通常是颗粒无收，成了畲民们的一大隐患。为了让农作物有个好收成，就要想方设法将野猪赶走，于是，畲民组织大家集中赶野猪。野猪是一种比较凶猛的动物，不仅糟蹋庄稼，还会攻击人，所以赶野猪需要方法和技巧，于是，畲民们就在比较宽敞的场地练习赶野猪，逐渐演变成民族体育活动。

四、摇锅

畲族人逢年过节做米粿、蒸糕什么的，要用到碱。他们就到山上砍来细小的榛木，连叶带枝烧成灰，称碱灰，用开水泡碱灰，把杂质滤去，用这种碱水来浸泡大米，制作糕粿。

烧碱时拿一口报废的大铁锅，置于屋外露天地上，将砍来的榛木枝叶截成段，放在大铁锅里烧。等铁锅里的榛木已烧成炭、成为灰后，便取走碱灰。一些顽皮孩子往往喜欢摇着空锅玩耍，有的甚至站到锅里做着各种各样的动作摇来摇去。久而久之，摇出一项体育活动来。

五、抄杠

旧社会畲族人民大多分散生活在深山中，肩挑背扛都要用到扁担、抵棒（挑担、扛木头时用抵棒顶住肩上的重物，借此歇息）。劳动间隙、农闲季节大家聚在一起时，常常喜欢用扁担、抵棒、木棍、竹杠等物两人对顶、对推、对拉，进行嬉戏，以此锻炼四肢和腰腹的力量。经过岁月的累积，逐渐发展为"抄杠"这一民族体育项目。

抄杠

畲族三月三的文化呈现

畲族是一个热情豪爽、能歌善舞的民族，在三月三这个传统节日里，其艺术特色展示得特别充分，原生态山歌、狩猎式舞蹈、独特的体育活动和美丽服饰，无不体现畲族的风采。

畲族三月三的文化呈现

[壹]畲族舞蹈

当舞蹈从娱神脱胎而出、以娱人为目的时，人们才有了自觉的舞蹈意识。从此，舞蹈也产生了分野，首先一类是以民众自娱为主、业余参与、不追求赢利的社会文化活动；第二类是娱他为主、专业表演、以宣传教育和赢利为目的的表演性舞蹈；第三类当然是随着宗教的盛行，专门服务于宗教祭祀祈祷的仪式性舞蹈。

畲族是一个善歌能舞的民族，歌舞比较普及。畲族民间传统舞蹈起源于祭祀，主要有祭祀、丧礼和生产劳动等方面的舞蹈。畲族舞蹈多见于传师学师、做功德、"拔伤"、"打癀"、祭祖等活动。主要是师公口吹龙角，手舞灵刀，在锣鼓敲打声中边唱（或念）边舞，有单人、双人、四人或集体舞，舞姿舞步多为狩猎动作。

一、狩猎舞

狩猎舞是畲族传统舞蹈之一，一般在大型的狩猎活动前跳。

相传畲族始祖盘瓠在凤凰山狩猎，因追赶山羊，不慎跌落悬崖，等族人找到时，盘瓠已经停止呼吸。最后族人高举猎刀，吹起号角，把盘瓠的遗体送到凤凰山上安葬。

此后，畲族每年在迎送祖宗牌位狩猎前，总要由一帮青年手持猎刀，吹起号角，以三步一回头的舞步跳跃前进，就是为了记念始祖盘瓠遇难身亡而举行的祭祖仪式，后来就逐渐发展成狩猎舞，代代相传至今。

狩猎舞是由主持仪式的祭师跳的舞蹈，主要再现畲族人民在狩猎过程中的动作，历史悠久，特色鲜明，舞姿豪迈雄健，动作淳朴刚劲，气氛诙谐活泼，情感细腻逼真，具有浓郁的生活气息。

随着生产生活方式的变化，尤其是近年来保护野生动物的力度加大，狩猎已经被禁止，畲民的狩猎活动也随之停止，狩猎舞仅在畲族祭祀仪式中尚有体现，但是现在懂得祭祀仪式的师公已经为数不多，能跳原始狩猎舞的更是少之又少。经文艺工作者改编的狩猎舞还在畲族民间艺术团中流传。

二、木拍灵刀舞

木拍灵刀舞最初表现的内容为祭祀祖先盘瓠。

相传畲族祖先盘瓠因打猎不慎摔下悬崖，人们在山崖下找到盘瓠尸体后，为防止野兽侵害，便围绕着盘瓠，以竹木拍、柴刀或其他器具相互敲击，发出声响来驱赶野兽。后来在祭祀祖先的仪式中慢慢演变为木拍灵刀舞。

在木拍灵刀舞中，师公们身穿赤衫或蓝衫，头戴师公帽，女性穿畲族传统服装，佩戴头饰，在鼓乐声中敲起竹木拍，边跳边舞。

道具有木拍、灵刀以及锣鼓、龙角等。

20世纪80年代，经过艺术加工的木拍灵刀舞出现在舞台上。畲族姑娘手持木拍拍出声音，伴随着木拍的节奏，畲族的小伙子舞动着灵刀，并以畲族特色的坐蹲步、悠荡步做圆圈状的移动。

现在的木拍灵刀舞多在三月三等大型乡村文化节日活动中出现，人们围绕着篝火，打起木拍，挥舞灵刀，伴随着轻快的节奏，踏着坐蹲步、悠荡步，边舞边歌，狂欢达旦。

三、功德舞

《盘瓠世考》记载：畲族祖先盘瓠深受族人爱戴，对于他的逝世，族人无比悲痛，于是他们吹着竹子，敲击着刀、锄等，呼天号地、长歌当哭，纷纷前来悼念，这就是功德舞的雏形。后来逐渐演变成为孝文化的一个组成部分。

1. 做功德

做功德是畲族成年人死后，家属为"超度亡灵"而举行的传统祭祀仪式，也称"做阴"，是一种把佛教和道教内容相混合、用畲族语言和舞蹈表达的治丧方式，主要是通过歌舞来完成的。

做功德的道具主要是龙角、灵刀、磬、铰杯；服装是太极道帽、八卦道袍、道裙。乐器主要有大小鼓、大小钹、大小锣、管弦乐器等，声韵沉闷、浑厚、凄凉。

做功德的舞步以坐蹲步、悠荡步、猎步、软步、硬步为主。舞姿粗犷朴实、刚健有力，主要表现古代畲民狩猎、垦荒、收获、扬场等劳作时的动作。

功德舞一般在一楼中厅举行，场面庄严肃穆，气氛沉重悲凉。正面悬挂遗像，遗像后面挂着十大阎罗王像；左右贴挂着挽联挽幛；天花板下九条细绳分别相隔一定距离，固定在左右墙壁上，上面粘贴一些凿刻着花边、花纹及写有文字的七色旗幡，俗称道场。

看着舞者头戴太极道帽，身着八卦道袍，挥动灵刀，吹响龙角，随着抑扬顿挫、浑厚凝重的旋律，时而急促、时而舒缓地穿梭，时光仿佛回到那洞穴群居、刀耕火种的远古时代，心中会有一种"魅影舞婆娑"、"起舞弄清影"的感受，酷似白居易描绘的"珠缨炫转星宿摇，花鬘斗薮龙蛇动"的场面。

"炼七星"是畲族功德舞的一部分，据说借鉴了诸葛亮在五丈原求寿禳星的布置和舞蹈形式。舞者由几位戴着太极帽、穿着八卦袍、吹着龙角或挥舞灵刀的道士和几个敲着鼓锣钹铛等响器者组成。他们随着音乐的节奏，依照北斗七星的图形交叉穿行起舞，其舞姿时而如群羊跳跃，时而像鱼儿悠游，时而若孔雀开屏，时而似蛟龙出海，变化多端，队形复杂，很有特色。

还有那熔舞蹈、杂技于一炉的"叠九垒"。把九张八仙桌垂直高叠，几位身着道袍的舞者从地上一直舞着逐层上翻，然后站到桌子最高层，吹响龙角，舞动灵刀，作呼风唤雨状，是那么惊险刺激，那么诡奇神秘!

其实,所有畲族舞蹈都是从功德舞衍生出来、经过艺术加工而成的。

近年来,随着国家对非物质文化遗产的发掘、整理、保护步伐的加快,功德舞经过艺术再创造,融入了现代舞美元素,登上大雅之堂,频频出现在舞台上,出现在旅游景点的演艺厅里,成为普通老百姓喜闻乐见的大众舞蹈。

2. 传师学师

学师传师可以说是畲族民间流传非常久远的大型歌舞。1987年编写民间舞蹈集成时,浙江省已把《传师学师》、《做功德》两部畲族舞蹈载入《中国民间舞蹈集成·浙江卷》。

四、灵刀舞

灵刀舞由驱鬼邪、祈平安仪式演变而来,包括跑、跳、冲、刺、劈等动作,传统习俗只许男畲民参加。新中国成立后,经过整理,摒弃了封建传统,也吸收女畲民参加活动,灵刀舞成为一项活泼、有力的传统文艺体育项目,曾在全国首届民族传统体育运动会上表演。

新中国成立以来,畲汉文艺工作者通过共同努力,创作了很多新歌和新舞,据丽水地区《畲族志》记载,有《采茶舞》、《畲民欢乐舞》、《姐妹采棉》、《橘子丰收》、《月圆》、《银耳花开》、《选种》、《凤凰彩带飞北京》、《绘新图》、《庆丰收》、《赶歌会》、《追赤郎》、《醉》、《追新娘》、《幸福水》、《巧相亲》、《老队长从北京回来》、《月到中秋》、《插花娘》等。

1980年，畲族歌舞参加第一届全国少数民族文艺会演，演出节目有《凤凰彩带飞北京》、《银耳花开》、《新女婿》等，《新女婿》为压轴戏，当时雷森根扮演"新郎"。载誉回杭后，省委宣传部召开茶话会，副部长于冠西即席赋诗云："人言畲乡风光好，水绿山青人品高，'银耳花开'花灿烂，'凤凰彩带'云中飘，京华争夸'新女婿'，'畲乡春深'花正茂。"

1994年，日本福井举行环日本海国际民间艺术节，浙江与福井是联谊省，景宁组织畲族文化艺术代表团参加，演出节目有《灵刀舞》、《木拍舞》、《采樵舞》等。这是畲族舞蹈第一次走出国门，在国际舞台崭露头角。

1998年，一部富有浓郁畲族文化特色的四幕风情歌舞剧《畲山风》诞生了，这是一部集40多年来畲族民间文艺创作成果之大成的作品。当年10月12日在景宁影城首演，11月10日赴京演出，12月向在杭参加浙江省第十届党代会代表汇报演出，获得各界好评。进一步完善后，2001年9月又代表浙江畲族赴京参加第二届全国少数民族文艺会演，获得创作、演出双金奖。

2011年，经过浙江省民委、省文化厅对全省民族文艺作品的筛选，最终确定以"畲族三月三"传统习俗为素材的大型畲族风情歌

畲族民间艺术团演出

舞《千年山哈》作为浙江省唯一节目，参加2012年第四届全国少数民族文艺会演。《千年山哈》在传承畲族传统歌舞艺术精华的基础上，在演出形式、舞蹈动作、服装设计、道具制作等方面进行了创新。整台歌舞将畲族最具影响力和文化内涵的历史传说、宗教文化、茶织耕猎、歌会婚恋等内容编织在一起，以音舞诗画的手法荟萃畲族山歌舞蹈、服饰茶艺、体育竞技等文化艺术精华，诗意地演绎了畲族人民生生不息的生命传承。近百名乡土本色演员倾力表演，充分展现了畲族坚忍不拔、忠厚热情、和谐奋进的民族性格。以下稍作展开。

《千年山哈·序》反映的是畲族千年迁徙的艰辛和不屈，以及"凤凰传说"对畲族的精神传承。

第一场《传师》分为"铜鼓灵刀"、"木偶娱神"、"学师系带"三部分，展示的是畲族传统祭祀文化及其中所包含的宗教信仰。

第二场《耕山》分为"畲山樵歌"、"赶山围猎"、"畲家问茶"三部分，主要反映畲族人民的生产生活内容。

第三场《盘歌》分为"彩带恋歌"、"三月歌会"、"欢乐篝火"三部分，以畲族三月三歌会为核心，重点展示畲族山歌、服饰、体育竞技等文化艺术特色。

第四场《礼嫁》分为"火塘情思"、"赤郎迎亲"、"烛伞新红"

《千年山哈》剧照之一

《千年山哈》剧照之二

《千年山哈》剧照之三

三部分，主要展示畲族婚俗礼仪文化。该场的主体内容为男女主角从长大成人到相识、相恋，最后成婚，以一条恋情线贯串，各部分内涵各有侧重。

《尾声》以《序》中的火种继续传接收尾，赋予全剧以畲族精神文化千年传承的象征意义。

第四届全国少数民族文艺会演组委会的专家组高度评价了《千年山哈》，评语反馈：当地政府非常重视，表演内容很纯洁；展现了少数民族的生活，很有特色；民族符号在建立之中，歌舞展现很有光彩，舞台呈现严谨，有视觉冲击力，喝酒的场面处理很精彩，有畲族的特色。

中国当代舞蹈艺术大师，著名舞蹈表演艺术家、编导家、理论家、教育家，中国现代民族民间舞的奠基创始人，中国舞蹈家协会名誉主席、中国国际标准舞总会会长贾作光，在2012年1月14日《千年山哈》的专家评审会上，对该节目给予了高度评价（根据录音整理）：

"我非常高兴地欣赏、观摩了《千年山哈》，我觉得这是一台精美的歌舞诗，太令人振奋了，很不简单。感谢编导人员为我们提供了这样一台有深度的，融思想性、传统文化性和艺术性为一体的民族文化舞台精品。《千年山哈》场面宏大，主题深邃，民族风格浓郁，表演质朴，画面很美，每个场面都给人留下深刻的印象，让人不由自主地进入一种民族艺术的境界。第一个是手法创新却能保留民族文化的魂，编导采用了许多新的手法来打造这台戏，但没忘记民族文化的根，没忘记老祖宗，包括民族的舞风、民族的精神、民族的遗产，在继承传统、保护民族民间的精华遗产方面做得很好，不像我们有的节目纯玩技巧。学习外来东西就是要为我所用，为民族所用。第二个是编导有方，演员质朴。演员多数并非专职，是从各个单位、地方凑起来的，导演在舞蹈编排、构图等处理上很有创意，很有生气，有一种质朴的美，能感觉到一种浓浓的、散发着畲族泥土芳香的民族古风，引人入胜，让我看完全剧没有一点困乏的感觉。创作这么一台畲族大戏是一个系统工程，特别是作为一个自治县为主来做这么一台戏，非常不容易。景宁畲族自治县党委、政府的领导很重视民族文化。编导人员和演员付出了巨大的努力，肯定也有许多的辛酸和体会。最后我用几句话概括一下我的感觉吧：《千年山哈》舞诗画，民族歌舞心中挂；继承传统舞新风，畲族舞美走天下。丽水景宁好地方，民众勤劳创业忙；财富拥有生活好，畲族文化美名扬。"

时任浙江省省委书记的赵洪祝在国家民委的获奖致函上作重要批示：在第四届全国少数民族文艺会演中，我省参演剧目《千年山哈》荣获金奖，可喜可贺。要以此为动力，继续下工夫抓好我省民族工作。同日，时任浙江省省长的夏宝龙也作出批示，向获奖节目表示祝贺。

随着《千年山哈》在北京打响，畲族三月三等畲族非物质文化遗产将得到更好的保护和传承。

[贰] 畲族山歌

畲族山歌是畲族人民在生产、生活、斗争中创作的口头文学，是畲族传统文化的重要部分。畲民喜爱山歌，可以说无处不山歌、无事不入歌。歌唱形式有独唱、对唱、齐唱等，其中无伴奏的山歌是畲族人民最喜爱的一种形式。

畲族山歌因地区不同而有不同的调，景宁县畲族山歌称为景宁调。综观畲族歌曲，以轻声细语为特色，在词曲结构方面，歌调比较整齐，多为七字一句，四句成一段（又称为一条）。一首畲歌，少则一两条，多则几十条、上百条；调式多为五声，宫、商、角、徵、羽五种调式都有，其中商调式分布最广，角调次之，徵、羽、宫调式又次之。在演唱过程中，常在同一调式调性（含有游移的角音的五声音阶宫调式）范围内做音域与旋律的变化，基本音列为"do、re、↑mi、sol、la"，旋律的基本进行为"sol、↑mi、re、do"，有较多二、三度级进和四度跳进以及一些八度音的转换，五度跳进较少，装饰音多用前倚音。歌曲速度一般较为平稳，风格多质朴清新、娓娓道来。

畲族人民擅长二声部重唱的唱法，人们称之为"双音"，畲族称"双条洛"，带有轮唱性质。"双音"最初是两个人唱，发展到现在可三人，也可四人，一般不超过四人。两声部分上两人演唱，两个演唱者可一男一女，也可两男或两女，由一男一女二人重唱，男的先唱或女的先唱都可以，后唱者可在先唱者唱后两个字或四个字时接唱，要与前唱者唱同样的歌词和近似而不完全相同的曲调。在唱法上，一般男女都用假声，后来男子敢用真声唱，听起来声部更加清晰。畲族假声唱法追求恬静、纤嫩、清秀、古朴。由于唱法的不同，一般同一首歌可出现"平讲调"、"假声唱"和"放高音"三种不同曲调。演唱"双音"不严格规定时间、场合，三月三畲家赶歌会时最盛，这一天畲民成群结队走亲访友，以歌当话，以歌会友，还要举行盛大的对歌会。这是欣赏畲家"双音"的好时节。

此外，畲乡盛行鼓吹音乐，几乎每个村庄都有鼓吹班，一般为二至八人。曲牌和演奏风格与汉族大致相同。大吹时有唢呐和打击乐锣、鼓、锡锣、钹、龙角、板、铃等；小吹时有唢呐、笛子、京胡、二胡与月琴等。《宫兰花》、《落地花》是畲族较优秀的民族乐曲。

在旧社会，畲族人民在与统治阶级的斗争中，常常以山歌作武器，表达对压迫者的憎恨、反抗和对美好社会的追求。新中国成立后，则以歌颂中国共产党的领导和社会主义新生活为主要内容，大唱革命山歌和时代赞歌，反映出畲民新的思想风貌，与传统山歌有本质的区别。

山歌一般以四行、七言体式韵文为一条，四句为一首。也有少数歌词第一句为三个字或五个字，讲究押韵，第三句末字须是仄声。

　　畲族山歌有叙事歌、风俗歌、劳动歌、情歌、时令歌、小说歌、革命山歌、儿歌、杂歌等种类，有手抄歌本3000多册，2万余首。以本土史实编成的《打酒局》、《打盐霸》和《古老歌》、《汤夫人歌》四首被编入《中国民间文学集成·浙江省卷》，畲族婚俗歌935首、哀歌642首，由浙江省畲族民间文艺学会整理编印。

　　不少人能即兴编唱畲族民歌，有的歌手对唱一两夜而不重复。唱时用夹有"哩"、"啰"、"啊"、"咿"、"嘞"等音的"假声"唱，平时学歌时不夹假音唱，叫"平唱"。唱喜歌每个县有一种曲调，唱哀歌全民族统一一个曲调。唱歌的形式有独唱、对唱、齐唱，很少伴有动作与器乐。上山劳动，单人时往往以歌驱寂寞，远处有人听到，听

对歌

对歌

出是年龄相仿的异性，就往往接唱，后来发展成谈情说爱的对唱。山上常有人对歌，所以有人称畲乡是歌的海洋，也称畲歌为山歌。

　　农闲时，村上来了客人，年龄相仿的异性就活跃起来。天一黑，众歌手到客主家门口放鞭炮，拥入中堂起歌头："日头落山岙里黄，太（看）见阿哥（妹）娘洞（郎洞）来，阿妹（哥）冒（无）纳（物）好招待，安晡（今晚）行来打大铺（对歌）。"如果客人是歌手，会很快对上，如果客人确实不是歌手，则以歌骂得他回去以后非学起来不可。若客人来了，村上无人对歌，也会被视为此村无能。找客人对歌，村上上场唱者必须是年龄相仿的异性，客人必须是非本村出嫁者；主家如是三年服丧期内或造房竖柱时，就不能参加对歌，要对也要到别人家去对。来客对歌，主要是唱情歌，已婚者双方也不拘束，完全可假戏真演；双方都未婚则求之不得，往往唱来一个终身伴侣。

来客对歌，一般对一整夜，半夜时主家烧点心招待所有在场者。唱到天亮时，要唱《十二生肖》歌以送歌神，结尾是"唠歌唠到天大光，送你歌神出外乡，唱条歌儿安香火，一年四季保安康"。对歌结束时，村上主要几个对歌者要集点钱作为"手薪"送给客人，当然唱歌来了真感情，就不是送点"手薪"可了结的了。

谢 恩 经

$\frac{4}{4}$

雷延振 记曲记词

用畲语念唱

6 6 3	5	6 6 3	5	5 6	6 6 3	5 ᵛ3 1 6	5 6	5 6 3 3ᵛ

一	拜	谢	恩	父母 养儿	身，惊动	父母 劳费	心，
二	拜	谢	恩	父母 勤劳	心，三年	哺乳 养子	身，
三	拜	谢	恩	父母	心，养儿	喂乳 淋	淋，
四	拜	谢	恩	父母	贤，儿细身	随父 母	眠，
五	拜	谢	恩	命靠	山，三岁五	岁娘 身	边，
六	拜	谢	恩	养儿	郎，父母护	儿到 天	光，
七	拜	谢	恩	养儿	郎，养儿七	岁入 书	堂，
八	拜	谢	恩	父母过期	间，代代传	统奉 香	烟，
九	拜	谢	恩	父母去不	回，孝男孝	女哭 哀	哀，
十	拜	谢	恩	父母事周	全，福地进	宝益 子	孙，

| 十一 | 拜谢恩父 | 母 | 日数 | | 完，亡魂归 | | 土月团 | | 圆， |
| 十二 | 拜谢恩父 | 母 | 分世 | | 间，功德完 | | 满归寿 | | 山， |

```
 3  1̲ 6̲ | 5  6  5 5  1̲ 6̲  5 5̲ 6̲ | 3 5  3 5̲ 2̲  2   2 :‖
```

莫道		神明	无灵	感，	天赐		黄金	送	麒	麟。
娘为		地来	爷为	天，	万古		流传	到	如	今。
十月		怀胎	娘身	上，	养儿		孝顺	值	千	金。
阎厨		床上	天送	宝，	玉祥		扇枕	父	母	眠。
不论		当官	多几	大，	孝顺		爷娘	谢	苍	天。
养儿		养女	多辛	苦，	养儿		防老	供	命	娘。
读得		诗书	先生	谢，	风调		雨顺	谢	君	星。
小时		吸食	娘身	乳，	荫蔽		子孙	做	秀	才。
黄金		归土	千年	在，	父母		过阳	不	再	来。
年进		人丁	月进	宝，	富贵		荣华	万	万	春。
天赐		麒麟	生贵	子，	四海		名声	天	下	传。
天下		人丁	扬公	义，	九泉		分居	万	万	年。

茶 女 歌
（劳动歌）

1=G 2/4 3/4
中速
（假声演唱）

蓝仙兰 演唱
雷献英 记谱

```
 3̲ 3̲ 5̲ 6̲ | 3 3  5̲ 3̲ | 5 · 6 | 3  5̲ 3̲ | 5 · 6  6̲ 1̲ |
```

三月(啊)天(哩)	气暖洋洋，(哩)		照得 惠(啊)	明	金(啊)
惠明(啊)茶(哩)	名天下扬，(哩)		惠明 茶(啊)	一 女	采(啊)
采来(啊)茶(哩)	叶用篮装，(哩)		篮篮 茶(啊)	叶	嫩(啊)

3 5 6 | ⁵³ 3 - | 1 6 6 3 3 | ⁺ 5 6 5 3 3 ²⁄₄ | 5 · 6 |

亮(哩　　啰　　亮,　　照得 惠明(啊)　　人欢 喜(啊),　　（哩）

茶(哩　　啰　　忙,　　采来 茶叶(啊)　　都一 样(啊),　　（哩）

又(哩　　啰　　香,　　采了 茶叶(啊)　　心欢 喜(啊),　　（哩）

³⁄₄ 3 6 3 5 3 | 5 6 1 5 6 | ⁵³ 3 - - ‖

　照得惠(哩)明　茶(啰)飘(哩　啰)香。

　张张茶(哩)叶　一 (啰)样(哩　啰)长。

　心中欢(哩)喜　歌(啰)来(哩　啰)唱。

[叁]体育竞技

一、问凳

问凳原是景宁畲族民间早期的宗教祈祷活动，后逐渐演变为民间体育活动，是民族文化和社会发展进步的合成产物，已被列为浙江省第二批非物质文化遗产保护项目。

问凳是景宁县人民喜爱的民间传统体育项目，具有较强的健身、竞技、娱乐、表演、教育和传承民族文化的价值。现已被周边部分民族的中小学列为体育教学和竞赛内容。由于其独特的民族性、健身性、竞技性、观赏性、普及性，深受广大民众的欢迎。

"凳"设置在一个高1米左右的三脚架上，横套一根长4米许、直径约10厘米的管了，管了两头分别固定高30厘米、40厘米的铁（木）板（30厘米为靠背，40厘米为抓手），中间连接着一块宽约20

厘米的铁（木）板作座位，形似体育用具跷跷板，但更灵活，可水平旋转。

问凳活动可供二至四人在器械上进行抓、摆、蹬、摇、翻、挺、屈、仰、投、抛等体能训练。两端各坐一至二人，上下翘动，同时左右旋转，或360度旋转。

问凳还可用来进行竞技活动。如：

问凳套圈——

两位参与者分别站在凳的两端，在旋转过程中一手攥住扶手，另一手将设定的若干个小圈一个一个捡起，并套进离凳若干距离的

问凳

立杆中，以多中者为胜。

问凳插旗——

竞赛者每人手里拿着若干面小彩旗，上凳后在快速旋转板凳的过程中，将小旗插进事先设置的标杆筒内，以多少或快慢判定胜负。

问凳项目曾经代表浙江省参加全国第四、五、六、七届少数民族传统体育运动会和全国第三届农民运动会，都获得表演金奖。中央电视台、《人民日报》、《民族画报》、浙江电视台、《浙江日报》等多家国家级、省级新闻媒体对此作过多次报道。

二、抄杠

抄杠运动的器材简单，只需竹（木）杠和长凳。双方一人或几人站在凳子上持杠进行对抗，动作有推、拉、顶等。主要形式分为：弓步抄杠（双方可面对面进行或相背进行），马步抄杠，金鸡独立抄杠（即单手持杠，单脚站凳对抗），腹抄杠（两个对手站在凳上或地面，分别用腹部顶住杠的一端，将对方顶下凳或顶过线者为胜，主要考验腹、腰、髋、腿的力量）。

三、摇锅

摇锅成为锻炼身体的体育竞技活动后，人们专门制作出了用于摇锅竞赛的铁锅。在平坦的地面放置若干只锅，设定相应的距离，每只锅里站一人或二人，他们利用身体的重心变化、腰腹的力量、手脚的协调配合，操纵锅朝着目的地移动，以先到达者为胜。其技巧在于身体平衡和前进的方向。这种活动不受场地、人数的限制,集健身、娱乐、竞技于一体,简单易学。形式有简单摇锅、花样摇锅等,适合不同年龄、性别的人锻炼、娱乐。一人或多人在锅内采取站、坐或蹲等不同的姿势,利用身体重心的变化和四肢、腰腹的力量协调配合,使锅朝不同的方向移动或转动,这是最普通的摇锅方式。花样摇锅较为复杂,单人摇或站、或蹲、或坐、或俯卧着摇,双人摇分双人站立、一站一坐、双人蹲、双人面对面坐、双人背对背坐、双人面对面站、双人背对背等,多人摇则结合单、双人的不同方式摇锅。此外还有自创摇,就是根据不同形式自己创造的有难度的摇锅。

在比赛过程中,运动员们应自始至终在各自场地内进行;在同

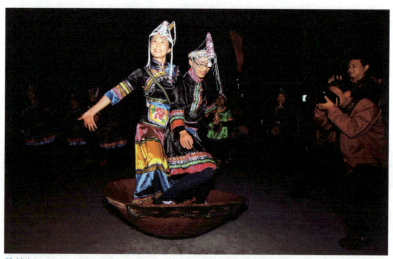

摇锅之一

摇锅之二

一个动作方式下，裁判员宣布比赛开始，在相同的时间内宣布比赛结束、完成动作。还有，在比赛过程中如果出现动作失败，必须重新组合动作，继续比赛。要以锅边的标志线为界线，以转动的圈数来判定名次，圈数多者为胜。如果是自创摇，则以创新动作的难易度来判定名次。

现在，摇锅正从山里走向山外，在各级各类民族体育运动会上崭露头角。2011年浙江省第四届少数民族运动会上，景宁畲族的摇锅获得表演项目金奖。同时，摇锅已被列为丽水市非物质文化遗产保护项目。它像一枝民族奇葩，在绽放中逐渐走进人们的视野，被大众所认同。

四、操石磉

景宁一带的畲族乡村，每年从正月初二开始，一直到正月半前，都有"操石磉"的习惯。"石磉"其实是一块底面光滑、能够在石头街道上滑行的石块，一般重几十斤，有的甚至有一百多斤。

传统的操石磉器材——卵石——容易破坏场地，不适宜在现代体育场馆进行，合适的卵石也不容易找到，携带困难，制约该运动的广泛开展。2002年以后，民族体育工作者对该项目进行了三大改进。一是器材改进，将传统卵石石磉改为圆形、八边形的木质磉，不会损坏场地，也方便携带；二是技术改进，在传统的基础上增加石磉操、夹杠操、撑杠操等技术；三是形式改进，改单一的娱乐为熔竞技、观赏、娱乐为一炉的现代体育项目。

石磉有多种多样的操法。有一种是两人一组，一个人抱起另外一个人的腰，而那一个人则用脚蹬着一块盆底大小的石块，在石头铺成的街道上往返穿梭，石块与石路摩擦中发出"轰隆隆"的响声，这种叫作"操狗磉"，是小孩玩的；另外一种是由三个后生组成的队伍，其中两个人手里拿着一根碗口样粗的竹竿，脚上蹬着一块约有数十斤的大石块，推揉着奔跑。操石磉的双方相距不远，各自摆好阵势，双方运足力量，两块石磉在街头角上相遇，发生"砰砰砰"的撞击声，这叫作"对磉"。不管是操"狗磉"还是操"对磉"，人们一律称之为"操石磉"。操石磉一般选择在石铺的街道上进行。在畲语中"操"即"推","石磉"即"石块"。

五、赶野猪

赶野猪是由日常生活中的动作演变成体育活动的。以竹制的篾球代表野猪，球拍代表围堵工具或土铳，球门则代表野猪笼，按一定的规则把篾球（野猪）赶进球门（猪笼）为竞赛的目标。

畲民常常在比较宽敞的场地练习赶野猪。其战术丰富，对抗激烈，通过竞技能有效提高速度、耐力、灵敏度等身体素质，有利于培养勇敢、顽强、机智、果断、勇于克服困难的品质和团结互助的集体主义精神。

赶野猪

每逢三月三等重大节庆活动，当地的畲民就会组织起来进行赶野猪的表演。表演与正式比赛有所不同，也不注重项目本身的对抗性，但会在场地上设置一些障碍，例如插上一些毛竹或做个小拱桥等，要求参与人员用球板将篾球打过这些障碍，再打进球门。

赶野猪这一畲族传统体育项目，原本只是畲乡民间自娱自乐的村落游戏，经过挖掘、整合和创新，如今已经成为各类民族运动会上的比赛或表演项目。这些传统体育项目的不断深化激发了大家对家乡的热爱和对畲族文化的深厚情感，也为民族文化的传承和创新注入了强劲的生命力。

六、畲族棍

畲族人民分散居住在深山老林中，在那社会动荡的年代，常常遭到败兵、土匪、盗贼的打劫骚扰。为了对付他们，畲民在劳作的间隙或挑担途中歇息时，常会操起木棍、扁担耍弄练功，久而久之形成了一套棍术，称为畲族棍。

畲族棍握棍的方式称"把法"，常见的有阳把(手心向上握棍)、阴把(手心向下握棍)、阴阳把(两手心相对)、对把(虎口相对)、交叉把(左右手交叉)、滑把等，击棍的方法有打、揭、劈、盖、压、云、扫、穿、托、挑、撩、拨等。练习棍术要求梢把兼用，身棍合一，力透棍梢，表现勇猛、快速、"棍打一大片"的特点。棍术的套路有自选棍术、猴棍、七星棍、五虎群羊棍、齐眉棍、大梢子棍等，对练有"对棍"、"棍进枪"、"棍进三节棍"、"三人对棍"等。

棍的基本握法：

1. 持棍法：右手持棍，以拇指和食指卡握棍身，其余三指自然弯曲，虎口朝向棍梢，使棍身紧贴于身体右侧，把端触地。

2. 提棍法：单手握，右手握住棍身距把端的三分之一处；顺把握，双手虎口顺向握棍；对把握，双手虎口相对握棍。

棍的主要动作：

1. 拨棍：棍梢斜向前上方，左右摆动为拨，拨棍时用力轻快平稳，幅度不要过大。

2. 扫棍：棍梢在腰部以下水平抡摆，或尽量以棍梢贴地，棍身倾斜抡摆为扫。扫棍要求迅猛有力，力达棍梢。

3. 抡棍：单手或双手将棍梢向左或向右平抡。平抡不得超过一周，加转身不得超过两周。抡棍要求迅猛有力，力达棍梢。

4. 戳棍：棍梢或棍把直线向前、向侧或向后戳击。戳棍要求发力短促，力达梢端或把端。

5. 劈棍：棍由上向下为劈。劈棍要求迅猛有力，力达棍梢。

6. 立圆舞花：两手握住棍身中段，使棍在身体两侧由上向前、向下绕立圆转动。要求连续快速，走立圆时要贴近身体。

7. 提撩舞花：两手握住棍身距把端三分之一处，使棍沿身体左右两侧由下向前、向上画立圆连续向前撩出。要求快速连贯，立圆抡转应贴近身体，但不得触身。

2012年7月，畲族棍参加第九届浙江国际传统武术比赛，获得优秀奖。

[肆]畲族服饰

畲族服饰是穿在人们身上的史书，是畲族灿烂文化的重要组成部分。相传畲族起源于广东潮州凤凰山，祖祖辈辈以凤凰为百鸟之王，视凤凰为吉祥物，因而把畲族女子装扮成美丽的凤凰。畲族妇女头戴凤冠，身着花边衫，脚穿花布鞋，这种服饰称为"凤凰装"。

畲族传统服饰斑斓绚丽，丰富多彩。衣尚青蓝色，多用自织的苎麻布制成。由于居住地区不同，服饰的式样不一，种类很多。在文献记载中，多说畲族早就"织绩木皮，染以果实，好五色衣服"。清代，畲族服饰大致是"男女椎髻，跣足，衣尚青蓝色。男子短衫，不冠不帽；妇女高髻垂缨，头戴竹冠蒙布，饰璎珞状"。

凤凰装

以前，景宁畲族人民不分寒暑，都穿麻布衣。男穿单袷，女短裙蔽膝，有穿短袜绑腿的习惯，腰间多悬围身裙（拦腰）。妇女头戴凤冠，裹以花布，布斑斑，饰以珠，珠累累。

1924年，民俗学家沈作乾对浙江丽水一带的畲族服饰作了生动的描述：男子穿质地极其粗厚的蓝色布衣，短褐，夏天穿苎麻衣裤。

传统服饰

传统男装

妇女以一直径寸余、长约二寸之竹筒，斜截其两端作菱形，包裹以红布，覆于头顶前，下围以发，压发的簪，宽寸余，长约四寸，突出于脑后的右边，在前端缀红色的丝条二组，垂于耳边；衣长过膝，色尚蓝、青，镶以白色或月白色的边缘，唯未婚姑娘和新妇也有用红色做衣缘的。腰围蓝布带一条，裤大，无裙。富者着绣履，蓝布袜，贫者跣足或穿草鞋，其他耳环或戒指等皆铜质为之，所值不过几枚铜元而已。

1931年6月，上海同济大学德国教授哈·史图博和李化民在《浙江景宁敕木山畲民调查记》一书中对景宁畲族服饰作了记载：这里的妇女是保守的，她们至今还保持一些最初的服装形式。这和汉族妇女就不一样了。妇女们穿着老式剪裁的上衣，没有领子，领圈和袖口上镶着阔边，这些滚边绚丽多彩。

男子服饰有两种，一是经过传师学师的男子所穿服饰，其式样是大襟长衫，无扣。第一代学师穿红色，名为赤衫，学师者已传下一代的穿青色，名为乌蓝。赤衫、乌蓝都镶有月白色布边，还配有同样颜色的无顶帽，帽有两条带往前胸挂，名为水牯帽。赤衫、乌蓝只在举行传师学师仪式时由

《浙江景宁敕木山畲民调查记》书影

担任祭师者和学过师的老人死后做功德的祭师穿戴,学师者死后必须穿赤衫、乌蓝殡殓。

畲族男子日常所穿便服,基本与当地汉人男子服饰相近,只有少数人仍保留着古老的服饰:冬天穿大襟衣衫,开襟处镶有月白色或红色花边,下摆开衩处绣有花朵;夏天穿大襟短衫,衫长过膝,圆珠铜扣,衣领、袖口镶有花边。出门做客穿大襟长衫,劳动时穿大襟短衫,现在都为直襟短衫。

畲族妇女的服饰别具风格,其中以"凤凰装"最具特色。畲族妇女喜爱用红头绳扎髻,高高盘在头上,名为凤髻;在衣裳、围裙上刺绣着各种彩色的花边,多是大红、桃红夹着黄色的花纹,镶绣着金丝银线,象征着凤凰的颈、腰和美丽的羽毛;后腰随风飘动的金黄色腰带,象征着凤凰的鸣啭。

相传畲家始祖盘瓠因平番有功,高辛帝招他为驸马,在与三公主成亲时,帝后娘娘给三公主一顶非常珍贵的凤冠和一件镶着珠宝的凤衣,祝福女儿三公主像凤凰一样给生活带来吉祥。自此相沿成俗,延续至今。其他普通的女服为大襟花边衣,俗称兰观衫。清代以前,花边为刺绣,民国时期逐步改为贴花边。青年和中老年花边服饰各异:青年花边衣大多青色布,胸前右衣襟、领圈镶四色不同花边,称"通盘领"兰观衫,袖口镶花边,裤脚用针绣鼠牙式数色花纹;中老年花边衣较简单,花边只单色或双色。

随着社会的发展，畲族服装不但面料、色彩不断变换，款式也在不断更新，唯一不变的是有畲族彩带符号的花边。历次畲族服装设计大赛，更是把畲族服装带进一个崭新的时代，各种各类畲族男女装、童装、职业装、工作服琳琅满目。

在许多畲族重大活动及节日庆典中，人们往往穿着盛装，畲族服饰在这些节日庆典中有较为集中的展现，千姿百态，美不胜收，展示出畲族服装的民族魅力。

彩带，畲语叫"doi"，又称花带、字带、腰带，在畲民中世代流传，一直到20世纪50年代都是畲族姑娘必学的手艺。因畲族没有文字，相关文献记载也甚少，其起始年代无从考究。根据艺人讲述，自祖辈迁居景宁，彩带工艺也带到了景宁，世代传承。编织彩带的步骤如下。

1. 整经前的准备：根据彩带长度固定经线框台，将一条小竹棍

彩带

（织带棍）和一片竹片（织带板）放于木框上，并叠石块固定。

2. 整经：将各种颜色的线头合在一起，并绑于经线框（织带架）的左侧，开始在织带架上整经。绕的方法为以竹片（织带板）为基点，往上一次、往下一次连续地绕，并且在小竹棍（织带棍）上绕一圈。以竹片为基点把经线依次分列于上下两边，将做成提综，有开口的功能。在整经中小竹棍为分绞棒。

3. 做手提综：将已整经好的织带架竖放，以织带棍一端为上方，用一根白线或黑线从左至右通过经线。经线事先用织带板撑开成织口，从左手起将钩挑上层经线的那一根白线或黑线均匀地绕在左手掌上，然后将绕完的线拿下来，在中间塞一些纸头之后，把上部绑结实。由此把上下层经线分开，就呈现织口，完成提综。

4. 上机：将经线从织带架分开后再在此线的上下部分别加上织带棍分绞。使用腰机时，将下端的织带棍放置于人的腹前，并用绳子或布将臀部周围的织带棍固定，织带时人坐在椅子上，并将另一端固定在高一些的柱子或其他固定物上，使经纱向下倾斜，并均匀分布。

5. 织带：以白线为纬线，开始织平纹结构。

6. 织纹：在彩带的中央花纹，以白、黑经线为2：1的比例交换二重组织，即为经线起花织物。象形文字带、清朝帝号带、歌带、彩带围巾等题材多以符号为主，直表其意。象形文字彩带中所记载的象形符号，现只存67个，各有其含义。以前主要用于畲族姑娘的定情信

织彩带

物，或做拦腰的系绳、背小孩的带子等，现在则成了馈赠亲友的礼品、收藏品和演出时的道具。

头饰

畲族妇女的头饰在畲语中称"gie"。畲族妇女冬夏以花布裹头，中为竹冠，缀以石珠，未嫁者否。其头饰绾发椎结，领竹为冠，裹以布，布斑斑，饰以珠，珠累累，均为五色椒珠。成年妇女发型梳扮凤凰式，把头发梳单辫盘于后脑，打成发髻，发脚四周绕上黑色绉纱，头顶安放银箔包的竹筒（直径约一寸、长三寸，富户人家用银制），包以红布，银钗高挑，四串长长的瓷珠和一串红黑相间的瓷珠穿在绉纱上，插一支银簪，另系八串尾端结有小银牌的瓷珠，垂于耳旁。这种通常称为"凤冠"的头饰，汉族称"笄"，相传为高辛帝所赐。这种具有纪念始祖意义的原始装饰，一般在结婚时始戴，以后凡节日或做客时戴，平时劳动，则裹以蓝布方巾或毛巾。现在平时戴"凤冠"的人已很少见，一些畲族村庄只在接待来访宾客或重大节日时才戴。

"笄"的配件有钳栏、头面、大奇喜、奇喜牌、奇喜载、骨挣、钳搭、方牌、耳环、头抓、古文钱、牙签、耳挖、蕃蕉叶、银金、银链、珠子、布料和棉线等。旧时，畲族凤冠共需银子4两8钱，折合银圆7.68元，外加配件及制作工资，一副凤冠折银洋12.84元。

花边

花边畲语称"兰观"，花边衫则称"兰观衫"。旧时，男子平时着青色大襟长衫，开襟处镶有月白色或红色花边，下摆开衩处绣有云头。劳动时都穿大襟或直襟短衫。现常见的为直襟短花边衫、领、

花边

袖、襟均镶花边，口袋绣有花朵。男女都穿宽裤脚直筒便裤，女裤脚镶花边。女上衣是大襟衫，长过膝，领、袖、襟均镶花边。布色过去只有青、蓝二种，大多是自织的麻布、棉布或蚕丝布。

花鞋

蓝布里，青布面，四周绣花纹，前头钉鼻梁，扎红缨。女鞋花纹多且细，只在结婚、喜庆、走亲戚时穿用。平时多穿草鞋。也作寿鞋用。

草鞋

草鞋始于何时无从考究，畲乡农户几乎家家备有工具，人人会打草鞋。据《浙江省少数民族志》记载："（畲民）劳动时所穿草鞋大多自编，家家户户都备有编织草鞋的工具，还种有稻秆特长而韧的'草鞋糯'，以草鞋糯稻秆作编制草鞋的原料。编草鞋大多在农闲季节、雨雪天，一般是男子编制，少数妇女亦能编，冬春之间农闲季节，须编够全家劳动一年穿的草鞋。"早年畲族新娘行嫁时也穿草鞋，草鞋四耳旁系上四枚古铜钱，行走时锵锵作响，相传可避邪驱秽迎吉祥。畲族婚礼仪式中，就有"脱草鞋"程序，意为请翻山越岭送彩礼的赤郎脱去草鞋、换上布鞋吃点心，如今"脱草鞋"成为吃点心的代名词。

畲乡景宁直至20世纪70年代仍然有人穿草鞋上山劳动。改革开放后，农民生活水平日益提高，运动鞋替代了草鞋，现在几乎见不到穿草鞋的了。草鞋制作技艺濒临失传，草鞋及其制作技艺走进了博物馆。值得庆幸的是，随着旅游业的兴起，草鞋及其制作技艺引起了游客的兴趣，草鞋也成了旅游商品，勾起了老年人的回忆，激起了都市年轻人的好奇心。

拦腰

拦腰即围裙，长约一尺，宽约一尺五寸，镶红布拦腰头，两角钉彩带，有的还绣上花纹图案。畲族妇女做家务或下田均系拦腰用于隔离脏物，也常常用来背婴儿。

拦腰美不美是衡量女人针线活手艺的尺子，女孩子常常暗地里比试谁制作的拦腰精致，因此畲族妇女都在拦腰上下苦功夫，做足文章。

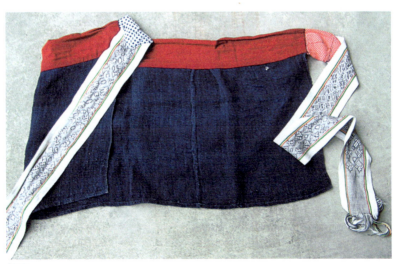

拦腰

畲族三月三的传承与保护

三月三传统习俗是畲族千年耕猎文明的缩影、历史文化的积淀，具有丰富的社会价值和人文价值。目前正处于濒危阶段，亟须采取传承和保护措施。

畲族三月三的传承与保护

[壹]畲族三月三的重要价值

　　三月三习俗是畲族一千多年耕猎文明的印证，是畲族人文历史的缩影，是中华民族文化百花园里的一朵奇葩，具有相当的地位、功能和影响力。

　　民俗是根，历史是源。"民俗"这两个字也许平平淡淡，畲家人却用一辈辈的传承，生息着山哈人坚固的根，流淌着山哈人不息的源。

　　作为畲族最重大的传统节庆日，过去，每年农历三月初三这天，畲民一般都以村寨为单位，由族中长者带领，举行隆重庄严的祭祀祖先仪式，包括吃乌饭、跳祭祖舞等。之后，从周围村寨聚集而来的畲族男女进行丰富多彩的对歌、传统体育活动，自娱自乐、结交朋友，未婚青年趁着这个机会谈情说爱。夜晚，燃起熊熊篝火，大家围在一起跳舞狂欢。

　　20世纪50年代末到70年代初，由于食物短缺以及"破四旧"等原因，畲族三月三活动一度沉寂，偶尔在"地下"偷偷进行。随着改革开放的温煦春风，人们思想解放，心情舒畅，三月三活动得以恢复，此后逐步发展，并不断融入新元素。1984年景宁畲族自治县设

篝火晚会之一

篝火晚会之二

立后，尤其是非物质文化遗产保护工作展开以来，畲族三月三更显生机勃勃，其继承和发展大体经历三个阶段。

恢复期（1984年—2000年）：一些畲寨相继恢复三月三节庆活动，县政府及相关部门挖掘、研究、宣传畲族文化，对此积极鼓励并引导。每年三月初三，不但乡村分散进行节庆活动，还集中开展"三月三民间歌会"，但还没有很好地结合畲族节俗。

继承期（2001年—2006年）：大型三月三活动由党政部门牵头，使之与畲乡旅游相结合，规模逐渐扩大。基本上采取分散组织、独立负责、组合展示的模式。

发展期（2007年至今）：统一以"中国畲乡三月三"为品牌名称，以根据畲族图腾凤凰创意的"三色渐变太阳凤鸟"为品牌标识，实现整体策划、联合实施。注重畲族传统节庆与畲族文化品牌营销相结合，使之成为畲族的传统节日，全县畲汉同胞的狂欢节，景宁畲族文化展示的核心平台，畲乡对外宣传的品牌载体。从2007年起，景宁"畲族三月三"逐步走上常规化、档次化之路，成为展示畲乡风采、弘扬畲族文化、提升景宁形象的民族大联欢盛会。

"2007中国畲乡三月三暨中央电视台《乡村大世界》走进景宁"大型活动，将景宁的畲族习俗、旅游景区、特色产业制作成一个多小时的电视纪录片，在央视七套播出，效果很好。

2008年，海峡两岸各民族欢度三月三节庆活动，景宁畲族民间歌手、台湾民间艺人同台献演《我们都是一家人》等节目，增进了彼此了解，沟通了民族感情。

2010年，"中央电视台《激情广场》走进景宁暨海峡两岸大联欢"在畲乡举行，两岸土生土长的演员同台竞技，古老独特的文化内涵、原生态的演唱风格、质朴热烈的表演形式都给观众留下了难忘的印象。

2011年举办了"中国畲族三月三暨电影艺术家采风景宁行民族大联欢"活动，畲族三月三的风情习俗、景宁的山水风光深深地吸引艺术家们，他们手中的摄像机忙得不亦乐乎。

"2012海峡两岸各民族欢度三月三节庆暨中国畲乡三月三"活

各地汇水

动办得更具特色，扩大了景宁畲族三月三这一非物质文化遗产的社会影响。

无论从历史还是现实来看，畲族三月三民俗活动都具有多种价值。

历史价值。畲族三月三中的许多活动带有浓郁的民族神话色彩，有力地印证了畲族先祖创业的艰辛，是历史在畲族民俗事象中的真实写照，同时也是畲族同胞追忆本民族发展史和兄弟民族了解学习畲族发展史的特殊教材，具有较完整的历史价值。

人文价值。畲族三月三活动，不论是对歌还是舞蹈，不论是传统体育项目还是服饰表演，都不同程度地塑造了畲族先祖盘瓠的形象，对畲族后代影响深远。如畲族史歌《高皇歌》中的"讨姓受封"、"闯山学法"、"游山狩猎"、"打猎殉身"等情节，都反映了畲族同胞勤劳勇敢、团结友善的精神。

文化价值。畲族三月三的各项活动几乎涵盖畲族传统文化的方方面面，是畲族传统文化的综合体现。从畲族先祖的耕种狩猎、衣装服饰到饮食器皿、说唱歌舞等等，一应俱全，特别是对畲族歌舞技艺的保存、发展起到了积极的保护和传承作用。

保护价值。随着时代的不断发展，畲语逐渐退化、汉化，部分畲族年轻一代已不会讲畲语。而畲族三月三唱的是畲语，跳的是畲舞，欣赏的是畲族服饰，这在一定程度上对濒临消亡的畲族语言、畲族服饰起到了保护作用。

传承价值。畲族三月三的各项活动蕴含丰富多彩的畲族民间艺术文化，为维护和加强畲汉民族团结、发展民间文化、建设社会主义新农村构建了一个切实可行的平台。只要紧紧抓住畲族文化的基本因素，取其精华，弃其糟粕，赋予新的时代精神和流行元素，就能推动畲乡乃至全省的文化建设，对弘扬畲族优秀文化起到积极的作用。《畲山风》、《千年山哈》的演出轰动京城，喜获创作、演出双金奖，就是典型的例子。

产业价值。依托景宁畲族三月三等非物质文化遗产的保护和传承，景宁县建成了"大均畲乡之窗"、"云中大漈"两个AAAA级民族风情旅游区，并正在建设环敕木山畲族风情旅游度假区，带动旅游、交通、餐饮、住宿、购物等相关产业。2007年至2011年游客人数和旅游经济收入，每年都以30%以上的数额递增。

"2012中国优秀民族节庆"评选活动是由国家民族事务委员会、文化部、国家旅游局指导，中国人类学民族学研究会和国际节庆协会（IFEA）联合主办的，面向全国各地节庆（包括55个少数民族的节庆）组织单位，通过自荐、公众投票、媒体推选、专家评审的方式，历时3个月，从报名参评的300多个节庆中评选出"最具特色民族节庆"、"最具国际影响力民族节庆"、"最具创新价值民族节庆"、"最具魅力节庆城市（地区）"和"2012年度节庆人物"等5项大奖。经过重重筛选，"中国畲乡三月三"被列入"中国优秀民族节庆"并荣获"最具特色民族节庆"称号。

[贰]代表性传承人

畲族三月三属群体传承，具有代表性的传承人在各畲族村自成体系。

蓝陈启，女，畲族，国家级畲族山歌传承人。1938年正月初一出生在海拔1519米的邑镇之山——敕木山北坡，现住鹤溪街道双后降村。

蓝陈启生长在浓郁的畲族文化氛围中，作为父母六个子女中的最小者，畲语称"泼妮崽"，有许多空闲时间。没读过一天书的她整天缠着老人们唱古老的《高皇歌》，跟着哥哥姐姐听情歌对唱，默

"非遗传承进校园"蓝陈启教授畲歌

默回味，珍藏心间。借民歌开启心灵，她学会了畲族社会的生产、生活知识。

一天，烈日当空，蓝陈启跟着父母到田间劳作，稚嫩的她经不住烈日的炙烤，闹着要回家。可父母却认为刚出来不久，还要干活，于是妈妈教她唱山歌拖延时间。听说学唱歌，蓝陈启就不闹了，认真地跟妈妈一句一句地学唱畲族民歌，就这样走出了学唱畲族民歌的第一步。蓝陈启20岁那年嫁到夫家后，因丈夫是干部，经常外出，她便承担起家庭主妇的职责。上山下地，家里家外，加上陆续生养了六个儿女，生活的艰辛可想而知。更不幸的是拉扯大孩子以后，丈夫却因高血压而半身不遂，而且一病就是十几年，生活的重担压得她喘不过气来，真是哭天天不应，呼地地不灵，一直没有心情唱山歌。

一天晚上，丈夫微睡，蓝陈启走出屋外，皓月当空，空气清新，四周宁静，蓝陈启情不自禁地放开歌喉，唱出了压抑多年的第一声。歌声带走了她满腔的忧愁，带走了一天的辛劳，啊，原来唱歌这样美妙！她终于找到了知己，找到了生活的真谛。从此，她高兴时唱，忧愁时唱，做事时唱，日夜歌声不离口，村里人说她像换了一个人似的。

1993年，日本客人来到畲乡景宁双后降村，为在日本福井市举办的环太平洋民间艺术祭（节）挑选畲族歌手，蓝陈启被选中。要去日本唱山歌，蓝陈启喜忧交加，喜的是她最心爱的山歌将由自己唱出国门，忧的是第一次出国门，怕晕车、晕机，更怕唱不好歌，败了畲族名声。正当她举棋未定时，更大的灾难降临了，三女儿摔成重伤住院，生命垂危。

　　1994年9月，景宁县文化局长来了，说机票、护照都办好了，劝她去；镇长也来了，劝她去。县长雷文先也来了，对她说："阿姨你一定要去，为我们畲族争光彩。"

　　面对领导的期望，蓝陈启把悲痛留在心里，把泪水吞进肚里。她换上民族服饰，走出国门，参加了环太平洋民间艺术节。她演唱的畲族山歌博得了异国观众热烈的掌声。

　　双后降畲族村作为省双文明村，经常有好多客人前来，到蓝陈

时任浙江省委书记的赵洪祝看望蓝陈启

启家听畲族山歌，了解畲族风情，察看畲民生活情况。20多年来，她家的客人从中央到地方、从海外到国内、从干部到群众，真是数也数不清。

双后降村是畲族文化旅游村，蓝陈启忙前奔后，言传身教，教唱山歌，教学畲族礼仪，还把自家房屋作为村婚俗演示场地，自己则扮演男方女主人，每年当上千百回"婆婆"，接回千百个"新媳妇"。仅1999年，全村就接待来客一万多人，村里旅游收入十余万元，畲族农民增加了收入，改善了生活。

1991年全县农村社会主义思想教育文艺会演中，蓝陈启表演的《大生产》荣获演出三等奖。

2000年，浙江省和杭州市作家协会的作家50余人来到双后降村，开展与畲民心连心活动，蓝陈启与年纪相近的作家、艺术家相认了"兄弟"、"姐妹"，认下了不少年纪轻的"干儿"、"干女"，带回家中供吃供住，难舍难分。浙江省作家协会名誉主席、小说家叶文玲为蓝陈启写下了"您是畲乡人民优秀的代表"的留言。绍兴县文联主席、小说家、剧作家王云根以《我的畲族阿娘》为题，记叙了在畲乡参与"畲民三日"活动的经过。

2001年10月，蓝陈启参加"浙江省暨杭州市首届老年文化艺术周"，获彩带编织才艺表演制作奖。

2004年，蓝陈启获首届"银龄美"大赛浙江赛区组委会最佳参与奖及"浙江魅力老人"荣誉称号。

《浙江日报》、《浙江老年报》、《丽水日报》、《畲乡报》及省、市、县电视台等多家新闻媒体报道过蓝陈启的事迹。《浙江老龄》、《瓯江警声》等刊物还以蓝陈启作为封面人物进行宣传。蓝陈启也成为畲乡男女老少人人皆知的女歌手。她还是畲乡禁毒形象大使,用畲族山歌进行禁毒宣传教育。

雷驮仁,男,1946年生,省级非物质文化遗产"畲族三月三"传承人。

蓝余根,男,1939年5月出生,现住景宁畲族自治县鹤溪街道东弄村。省级非物质文化遗产"畲族婚嫁"传承人。

蓝余根(右)吹龙角

蓝余根出生于传师学师、做功德世家，是第六代传人，一支法号为"法律"的龙角代代相传，几百年保存完好。受家庭的熏陶，他十来岁就开始学习畲族山歌和功德舞，从青年时起，村里红白喜事场场参加，外村的红白喜事也是有请必到。

蓝余根认为，传师学师、做功德等畲族特殊的祭祀习俗是中华民族孝文化的一种表现形式，它对于纪念祖宗功绩、激励后人、增强民族凝聚力、促进民族团结具有积极意义。近几年，蓝余根在传承的基础上进行创新，融入现代舞美元素，并带出一批徒弟，仅东弄村就有十名传师学师、功德舞的后继者。

中央电视台中文国际频道、科教频道，省、市、县多家新闻媒体曾采录蓝余根的歌舞表演。1994年日本福井考察团来景宁，特地观看了蓝余根等人的舞蹈表演。景宁把蓝余根吹龙角的照片作为畲族舞蹈的形象代表进行宣传，中国邮政发行蓝余根吹龙角图案邮票，浙江艺术学院、浙江师范大学、杭州师范大学等特意组团前来调查、观看蓝余根做功德时表演的舞蹈。

蓝进平，男，畲族，1965年11月16日出生，浙江省第一批非物质文化遗产（畲族体育"问凳"）的代表性传承人。本科学历，中学高级教师，景宁县第五、第六、第七、第八届政协委员，丽水市畲族文化研究会理事，景宁县地方武术研究会副秘书长，先后获得浙江省优秀教师、业余训练先进工作者、省市民族先进工作者、县优秀政协委员等称号。

问凳在畲族宗教活动中经常出现，蓝进平小时候生活在畲族居住村，对问凳比较了解。当时的活动内容比较简单，只限畲族男姓参与。

蓝进平大学毕业后在学校任体育教师，对问凳等民族运动加以整理，在民族中学率先进行推广普及，经多年的传承发展，在全县实施教育，成果较显著，既弘扬了民族文化，又提高了学生的身体素质。问凳、操石磉、赶野猪、操杠被编入《民族传统体育教材》。

在二十多年的教学生涯中，蓝进平积极开展民族体育项目的挖掘、整理、开发工作。在担任政协委员期间，他积极建言献策，多次写提案，特别是关于对非物质文化遗产进行保护的提案，如《尽快建立畲族文化研究中心　亟待拯救畲族文化》等。多年来他挖掘了畲族传统体育问凳、操石磉、赶野猪、操杠等项目，同时积极参与非物质文化遗产"畲族三月三"项目的保护挖掘工作。

畲族传统体育项目技艺特征明显，推广性强，深受广大畲汉同胞的爱好，许多项目曾参加全国少数民族传统体育运动会，并获得不少奖项。《民族画报》、《浙江日报》、中央电视台、浙江电视台、广西电视台等多家媒体多次作过报道。2011年起，蓝进平又与其他同志一道开展"畲乡老功夫"的挖掘、整理和传承工作。

雷一彩，女，畲族，1935年出生，浙江省非物质文化遗产"畲族服饰"传承人。老人今年已经78岁，空闲时间一直坚持编织畲族彩带。

畲族彩带"拦腰"在当地人民的传统生活里有着非常重要的地位，畲民无论男女上山劳动或在家干活都会系着拦腰，女子更是将彩带缝制在拦腰上，作为定情信物赠给心上人。雷一彩从十岁起就跟随母亲学习畲族服饰中各类配件及装饰品的制作，是家族中的第三代传人。她制作的各类畲族服饰配件、装饰品不仅深受附近畲民的喜爱，更是来吴布村的游客必买之物。畲族服饰中各类彩带、拦腰、服装布料的制作技艺都属家族世代传授，靠着口耳传授和手把手教学代代相传。如今，为了将濒临失传的技艺发扬光大，雷一彩不但将技艺传给孙女雷建芬，更是打破家规，将技艺传授给村中有兴趣学习传统手艺的女子，以实际行动为传承和弘扬畲族服饰文化作出贡献。

蓝延兰，女，畲族，初中文化程度，1968年6月出生，住景宁畲族自治县鹤溪街道东弄村，省级非物质文化遗产"畲族彩带"传承人，丽水市民间艺术家协会会员。

蓝延兰出生在彩带编织世家，她外婆的外婆是清末有名的彩带编织艺人，识字虽少，却能把织带工艺和汉字相结合，曾织造"皇帝朝纪"字带，织了"风调雨顺、国泰民安、皇帝朝纪、宋元明清、顺治、康熙、雍正、乾隆、嘉庆、道光、咸丰、同治、光绪、宣统、福禄寿喜、龙飞凤舞、荣华富贵、金玉满堂"等两行共104个字，中间还织

蓝延兰织彩带

上50多个原始文字织纹，成为后代畲族织带的样板。蓝延兰的外婆蓝龙娘也是织带高手，在20世纪60年代初困难时期就以编织彩带谋生，渡过难关。

　　受家庭艺术熏陶，蓝延兰六岁开始学织彩带，经过30多年探索，如今已是畲族彩带编织的佼佼者。她多次说过，畲族彩带是历史悠久的传统手工艺织品，既是美化衣着的装饰物，也是腰带、背带等生活日用品，还是畲族男女青年的定情信物、订亲礼物和驱邪祝福的吉祥物。畲族彩带承载着远古时代畲族先民的祈福信号，保留了数千年前原始的"意符文字"，成为一种活着的文物。

所谓"意符文字",是指6000余年前形成的原始文字和3000多年前成熟的甲骨文之间,存在着一个"意符文字"时期,畲族传统彩带的织纹图案,正是这一民族远古时期的原始文字。这些图案,有假借汉字甲骨文的织纹,有含意的织纹,也有几何变形的织纹。千百代畲族妇女的虔诚传承保留了远古时期的原始织纹风貌,保留了遥远深沉的文化内涵,成为畲族古代历史文化的重要见证。

1984年6月,国务院批准设立全国唯一的畲族自治县,蓝延兰突破陈规,编织出有"浙江省景宁畲族自治县"等汉字的彩带。

蓝延兰在纺线

彩带织出"意符文字"

手工织带

　　1999年11月，在温州举行的浙江中国民间艺术展上，蓝延兰的参展作品获得特别金奖，这是此次大展的最高奖项。

　　进入21世纪，蓝延兰又编织出一条长4米余、宽10.6厘米，织有全国56个民族名称的"彩带王"，在畲乡传为美谈。

　　蓝延兰的许多织品作为民族工艺品赠送中外贵宾，日本、韩国、美国客人还特意上门求购。在上海纺织大学就读的韩国学生金成喜曾连续五次上门求教织彩带，日本学者对蓝延兰的彩带艺术深感兴趣，专门撰写论文，详细论述了畲族彩带与其他艺术的异同。一位美国客人专程到蓝延兰家，购买了十余条彩带。

游客观看畲族婚俗表演

然而，彩带编织也同许多民间传统手工艺一样，面临后继无人的尴尬。为不让畲族彩带艺术失传，蓝延兰成立了"畲族彩带艺术工作室"，带出了一批学生。

《中国特产报》、《浙江日报》、《浙江画报》、《西湖周末》、《丽水日报》、《温州时报》、《畲乡报》等多家新闻媒体分别以《彩带传人蓝延兰》、《畲族彩带飘四海》、《畲族彩带》等为题，报道了蓝延兰的事迹。

[叁]濒危现状及保护措施

千百年来，畲族以大分散、小聚居的方式居住在欠发达山区，人口数量少，居住分散。随着时代的发展和改革的深化，绝大多数年轻人离开了畲族山村，到全国各地经商、打工。下山脱贫进程的加速、居住环境的改变、生活水平的提高以及信息的网络化，使畲族特有的风俗习惯逐渐淡化，畲族语言、畲族服饰基本汉化，畲族山歌被流行歌曲取代，畲族舞蹈也被现代舞（特别是广场舞）所代替。由此，以"畲族三月三"为代表的畲族文化逐渐走向消亡，畲族三月三的传承红灯频闪。具体说来有以下几方面。

一是畲族三月三风俗习惯日益淡化。民族风俗习惯是一个民族政治、经济、文化等社会现象的集中反映，是一个民族较为持久的心理积淀和行为规范，更是族群区分的重要标志。由于受到外界强势文化的不断渗透，当前畲族风俗习惯无论是纵向与传统习俗相比，还是横向与其他少数民族相比，都出现了淡化和衰落的趋势，很多畲族特有的风俗习惯已经消失或正在消失。如畲族传统婚礼以歌为线，贯穿二十多道礼仪程序，蕴含着畲族深厚、淳朴的传统文化内涵，是研究畲族民俗文化的范本。但由于现代生活理念的冲击，畲族青年已极少举行传统婚礼，畲族人民也很少唱畲歌，畲族婚礼和畲族山歌都只能在传统节庆活动和旅游活动中才能见到了，这些极具艺术价值的民间艺术瑰宝已经失去了存在和发展的肥沃土壤。

二是畲族语言逐渐消亡。语言承载着丰富、厚重的社会历史文化信息，是一种有价值、可利用、出效益、多变化、能发展的特殊的社会资源（即语言资源），是一个民族的重要符号，也是一个民族不断繁荣发展的重要基础。尽管景宁县一直非常重视对畲族语言文化的探索、挖掘和保护，县广播电视台每周日开设畲语栏目，但是由于文献资料缺乏、使用人口较少、应用地区较小、使用范围较窄、语言功能较弱、语言活力较差，畲语已经成为弱势语言资源，正面临着消亡的危机。

三是畲族山歌被淡忘。山歌是畲族最主要和最基本的文艺样式。无伴奏的山歌，也是最普通的音乐表现形式。由于传统畲族山歌的歌调与当代音乐差距较大，畲族年轻人很少有学畲族山歌的。对于祖上传下的畲歌唱本，虽然村民手中尚有遗存，但均处于自生自灭状态，或被虫蛀或受潮霉变，毁坏严重，令人惋惜。现在的畲族青年中，很少有人会唱婉转悠扬的畲家山歌，歌声渐行渐远，越来越被人淡忘，空旷的山谷中已很难听到畲族山歌动人的乐章。

四是畲族服饰逐步消失。在畲族传统服装中，女性的装束精致美观，富有鲜明的民族特色。然而，由于用红头绳扎头髻、插头簪太麻烦，穿"凤凰装"、系红腰带显得老派等原因，青年一代畲民平常已不穿自己民族的服装了，基本上只在传统的节日和重大场合才象征性地穿一下，甚至有些畲族青壮年已没有畲族的服饰。畲族传统服饰正在退出人们的视野，成了难以挽留的美丽风景。

随着社会主义市场经济的发展和城市化进程的不断深入，畲族三月三的生存环境发生重大变化。许多畲族青年对吃乌饭、对歌等活动的兴趣日趋淡化，三月三传统活动越来越难组织，处于濒危状态。

面临危机的远远不止这些，还包括其他丰富多彩的畲族民间文化习俗。在国际化、市场化、城镇化、网络化的冲击下，包括畲族三月三在内的畲族传统文化遗产正面临消失、失传的险境，抢救工作已是刻不容缓。

畲族文化面临衰落的问题该如何解决？这需要我们认真研究深远而博大的畲族文化面临消逝的原因，引导畲族乡民对于畲族文化的汉化进行深刻反思，让他们意识到，保护历史久远的文化、保存即将失去的文化意义重大。而畲族人民需要的是一种持久的对于自身文化的重视和保护，这是十分困难的。那么，我们可不可以让经济发展的畲族和历史久远的畲族文化并存呢？在经济发展的同时，并不是一味靠向汉族，在行为上、心理上不断汉化，使畲族文化趋向衰弱；而是让两者兼顾，国家重视畲族的经济发展，人民生活质量的提高，同时也重视畲族的非物质文化，使之得到平衡发展。尤其是当地政府要多举办畲族山歌、畲族舞蹈、民族传统体育之类的活动，让人们在无形中习惯自己本身所应该习惯的民族风俗。这些充满文化气息的活动可以使畲族人民从心理上认可自己的民族，提高民族自尊心和自信心，而不是一味地向汉族生活靠拢。

由此可见，畲族文化的存亡，畲族三月三的继承、弘扬，很大程度上掌握在畲族人民自己的手里，很大程度上要依靠全县人民的共同努力。要积极保护畲族文化，提高畲族人民的民族自信心，提高畲族文化在畲族人民心中的地位。在感受过畲族文化的迷人魅力后，相信这种文化是可以被长久保留的。

面对畲族文化濒临消逝的局面，作为全国唯一的畲族自治县，景宁历届县委、县政府都非常重视畲族文化的弘扬与发展，做了大量卓有成效的工作。近年来更是把畲族文化的发展作为经济社会发展的重要组成部分，提出"文化名县"的战略目标，采取一系列行之有效的措施，确保民族文化和"畲族三月三"的传承。用畲族文化这条主线，把整个"三县并举"发展战略架构成一个整体，全县上下高举振兴民族文化的大旗，向着"打造中国畲族文化总部"和建设全国畲族文化发展基地的目标，奋勇前行。

1. 弘扬发展畲族精神，增强民族自信心。全面贯彻《中华人民共和国民族区域自治法》，积极争取中央、省、市对景宁经济社会发展更多更大的支持，让畲乡人民充分享受改革开放的成果，激发广大群众的创新精神和畲族人民的民族自信心和自豪感。特别是近年来，省、市党委政府不断加大对景宁的扶持，习近平同志在任浙江省委书记期间先后两次到景宁调研指导，连续两次就扶持景宁加快发展作出重要批示，给予畲乡景宁和畲族群众莫大的关怀。时任省委书记的赵洪祝亲自联系景宁工作，省委、省政府还为景宁出台浙委[2008]53号文件和浙委[2012]115号文件，专门对"民族文化"、"民族节庆"的传承作了说明。丽水市委、市政府对景宁也特别关怀，时任市委书记的卢子跃时时处处鼓励景宁的干部创业创新，并提出在丽水市区设立景宁"飞地"，在开发工业的同时，把发展景宁畲族文化、打造文化精品作为重要内容，实施重点帮扶。上级领导的关怀让畲乡群众特别是畲族人民备受感动和鼓舞，广大群众的民族自尊心、自信心、自豪感不断增强，为加快发展畲族文化、继承和发展畲族三月三等民族习俗奠定了基础。

2. 挖掘文化资源，夯实节庆基础。景宁成立了建设全国畲族文化发展基地办公室和畲族文化资源调查委员会及畲族文化普查工作小组等机构, 抽调一批专业文化骨干进畲寨、入畲家、访畲民, 开展了为期8年的畲族文化资源普查工作。通过对全县120多个有畲民居住的村落和40多位畲族文化传承人的走访, 对40余个普查项目和3个重点保护项目进行调查, 基本摸清了景宁县畲族民间传统文化的家底。编纂了畲族民间传统文化目录和分类目录, 实行分级保护制度, 建立民族文化数据库; 搜集整理出畲族文化遗产等文字资料230多万字, 编撰《景宁畲族民间文学》等三大集成; 搜寻抢救1100多件畲族文物; 运用摄像、录音等现代技术手段, 对30多个民族特色文化项目实行永久性保存, 为景宁畲族三月三等活动打造基础平台。

3. 抢救民族文化, 丰富节庆土壤。加大财政投入, 积极募集社会资金, 建立了畲族文化发展专项基金。围绕重点民族文化项目、重要代表艺人和重要作品, 研究畲族文化生存现状, 制订传承计划, 建立传承机制, 实行传承人认定和传承补贴制度, 使一批濒临失传的畲族山歌、畲族祭祀仪式、畲族祖图、畲族服饰、畲医畲药特色祖传方剂等畲族文化精品得以传承。为传播畲族文化, 挖掘畲族舞蹈、山歌、歌剧等艺术珍品, 促进畲族文化的对外交流, 建立了浙江省畲族文化民间艺术团, 并且逐年加大扶持力度。畲族文化民间艺术团编排的畲族歌舞剧《畲山风》、《诗画畲乡》、《千年山哈》等韵味十足，在国内外引起了轰动，畲族三月三的艺术土壤日益丰厚。

4. 加强文化教育，培养节庆人才。抽调人员并特聘部分专业从事民族文化研究的专家、教授、作家，成立畲族文化教育研发中心，全面研究畲族文化的传承和延续，编写民族地方课程读本和教育指导书，精选部分当代作家创作的反映畲族文化和具有畲族区域特色的作品进入地方民族课程。如反映畲族起源与迁徙的创世神话《三公主的凤冠》和民族史诗《高皇歌》，著名作家王旭烽获茅盾文学奖的长篇小说《茶人三部曲》第一部《南方有嘉木》中描写景宁敕木山畲民茶文化的章节，民族宗教事务局组织编写的《畲语读本》等。

畲族文化民间艺术团剧照之一

畲族文化民间艺术团剧照之二

在中小学课堂增加民族文化教育环节，在中学阶段增加操石磉、摇锅、畲族棍、赶野猪等畲族文化传统体育竞技项目，推广畲族山歌、舞蹈、美术等课程，对中小学生进行民风、民情、民俗教育，培养畲族文化传承人。

5. 初步建立畲族文化产业发展机制。根据贯彻落实科学发展观和构建和谐社会的理念，以及

民俗读本

贯彻落实《民族区域自治法》的要求，修改完善了《浙江省景宁畲族自治县自治条例》，增加了促进畲族文化加快发展的内容。同时，出台了《景宁畲族自治县民族民间文化保护条例》、《关于进一步加强少数民族工作的若干意见》、《关于发展畲族文化产业的若干规定》、《关于民族文化发展专项基金筹措及使用的意见》等，初步形成了促进畲族文化产业发展的机制体系，充实了民族节庆后劲。

6. 促进畲族文化与旅游业的融合。把风情旅游业作为县委、县

游客观看畲族婚俗表演

政府促进经济发展的一项长期战略确定下来，并以"十二五"规划、旅游总体规划和景区景点规划等形式予以落实。按照"文化搭台、经济唱戏"的思路，积极办好文化节庆活动，到目前已经连续举办了六届中国畲乡风情节，自2007年开始，更是把中国畲乡三月三作为一个文化品牌和一年一度的大型畲族文化活动确定下来。通过这种形式，有效地弘扬了畲族文化，促进了各地畲族文化的交流，也扩大了"中国畲乡"的影响力。在旅游规划的指导下，近年来先后开发了大漈云中桃源、大均畲乡之窗、澄照"封金山"等以畲族文化为底蕴的景点，发展了一批"畲家乐"，并把畲族婚俗表演、手工艺表演等文化元素融入到旅游业的发展之中。

通过积极努力，景宁县在促进旅游业与畲族文化相互融合、相互促进方面，已经初步打开了局面。在2004年浙江省旅游局组织的全省旅游目的地选择抽样调查中，"畲乡风情游"游客选择率达27.4%，居全省各类景区之首，体验畲族风情的游客以每年30%以上的幅度递增。据统计，2012年"三月三"期间，全县接待旅游总人数267643人次，旅游总收入10729.8万元，分别比去年同期增长23.91%、24.22%。

7. 加快事业发展，提升节庆品牌。建成畲族文化馆、图书馆、博物馆三馆合一的综合性民族文化研究保护开发大型工程——景宁畲族文化发展中心，并免费向社会公众开放。同时，结合山花工程和东海明珠工程的乡村文化基础设施建设也在逐步加强。畲族人民展示民族文化、享受民族文化、发展民族文化的平台正越来越多。在有关部门的推动下，畲族民间艺术团频频出访，不仅有效地宣传了畲族文化，而且走出了一条"以文艺养文艺"的新路，推动了景宁民族演出业的大发展。经过短短五年的培育，景宁民族编织、服饰工艺业从无到有，从小到大，民族手工业粗具规模，其中畲族妇女蓝延兰编织的彩带还在全国民族工艺品展上获得

畲族文化馆、博物馆全景图

特别金奖。

　　总之，畲族三月三以及其他畲族文化的研究、传承、弘扬和发展任重而道远，但正在努力打开新局面。

　　景宁畲族自治县文化广电新闻出版局与县教育局在该县职业中学联合创办了畲族艺术班。2008年畲族艺术班首批招生36名，成为景宁第一个高中以上开设畲族文化艺术课的学校，也是畲族文化首次纳入职业教育体系。此举将有效缓解当前景宁面临的畲族艺术文化传承、应用中出现的人才短缺问题。创办畲族艺术班，改变了普通的传承培训方式，从零星传教变成系统教育。开办畲族艺术班，吸引了许多初中毕业生踊跃报名，今后将根据需求逐步扩大招生规模。应景宁职业高中邀请，鹤溪街道东弄村的蓝延兰等27名畲族民间艺人给该校的畲族艺术专业班学生现场演示畲族民间技艺，传授技艺。

　　为响应"文化名县"战略的召唤，县文化馆创办了山哈合唱团。山哈合唱团下设老年合唱团、女子合唱团、儿童合唱团和专业合唱团，每周三14时至16时、每周二19时至21时学习畲族山歌或现代歌曲，为畲族山歌的传承和发展搭建了一个大平台。

　　县文化广电新闻出版（体育）局为配合保护畲族三月三，推出"凤舞畲山"大舞台。"凤舞畲山"大舞台在全县各社区、乡镇、村落、校园、企业全面铺开，通过海选进入月赛、年度决赛。此举旨在传承弘扬畲族三月三，给表演爱好者一个展现自己的平台，让普通百姓真正成为舞台的主角和明星，成为畲族文化的保护者和继承人。

随着国家保护非物质文化遗产措施的深入落实，景宁县委、县政府对畲族文化的重视和人力、物力、财力的投入不断加强，我们有信心把畲族三月三的根留住，通过辛勤浇灌、培育，使之在中华民族非物质文化遗产的百花园里绽放得更加绚丽夺目！

主要参考资料

《浙江省少数民族志》

《浙江景宁敕木山畲民调查记》

《景宁畲族自治县地方志》

《景宁畲族自治县志》

《盘瓠世考》

《民族传统体育教程》

《畲乡景宁实录》

《景宁畲族风俗》

《景宁畲族自治县非物质文化遗产调查·畲族卷》

《布谷闹春——畲族民歌集》

《魅力畲乡》

中国景宁新闻网

畲乡文化网

后记

　　"浙江省非物质文化遗产代表作丛书"之一《畬族三月三》终于和广大读者见面了,它的面世为景宁县非物质文化遗产保护工作添上了浓重的一笔,对此我感到由衷的高兴和欣慰。

　　2008年,"畬族三月三"被列入第二批国家级非物质文化遗产保护名录,是景宁县两个国家级非物质文化遗产保护项目之一。作为全国唯一的畬族自治县,"畬族三月三"是景宁畬族传统文化的综合展现,几乎包含了畬族传统文化的方方面面,是畬族一千多年农耕文明的浓缩,畬民对它的重视程度可与春节相提并论。每年这一天都会举行盛大的歌会,祭祀祖先,载歌载舞,热闹非凡。景宁县积极探索对"畬族三月三"的保护措施,加大宣传力度,增强全社会的保护意识,推进相关研究工作,让"畬族三月三"融入到我们的生活之中。"中国畬乡三月三"节庆系列活动迄今已成功举办16届,逐渐成为畬乡景宁的一大品牌。

　　近年来,景宁县文化广电新闻出版局按照构建"幸福文化"的理念,以"非遗传承有形化、非遗展示载体化、非遗成果品牌化、非遗工作整体化"为要求,举全局之力做好地方优秀文化的保护和发展工作，全县文化保护氛围日益浓厚，保护体系日益健全。《畲族三月三》的出版是今年"非遗"保护工作的重要成果，在传承和发展"非遗"项目中将起到带头作用。在接下来的一段时间，我们将积极探索"非遗"保护措施，传承和发展当地"非遗"事业，让更多的"非遗"文化呈现在群众面前，让更多的人发现"非遗"、了解"非遗"、保护"非遗"、传承"非遗"，让每个人都能够感受到"非遗"文化的深厚底蕴，从而为"非遗"发展创造良好的社会环境。

本书由景宁县文化广电新闻出版局朱益龙副局长、林松斌主任组织编撰，陈华敏、王振生执笔，郑迪搜集图片。在编撰过程中，我们得到了许多专家、学者和"非遗"工作者的帮助，浙江师范大学的陈华文教授拨冗为本书审稿，在此表示衷心的感谢。另外，本书中引用的文字、图片资料不能一一注明出处和作者，在此深表歉意。由于本书的编撰较为仓促，存在许多不足之处，敬请有关专家和广大读者不吝赐教，批评指正。

景宁畲族自治县文化广电新闻出版局局长　夏雪松

2013年9月

责任编辑：张　宇

特约编辑：张德强

装帧设计：任惠安

责任校对：朱晓波

责任印制：朱圣学

装帧顾问：张　望

图书在版编目（ＣＩＰ）数据

畲族三月三 / 陈华敏，王振生编著. — 杭州：浙江摄影出版社，2014.1（2023.1重印）

（浙江省非物质文化遗产代表作丛书 / 金兴盛主编）

ISBN 978-7-5514-0493-8

Ⅰ.①畲… Ⅱ.①陈… ②王… Ⅲ.①畲族－节日－风俗习惯－中国 Ⅳ.①K892.1

中国版本图书馆CIP数据核字（2013）第280530号

畲族三月三

陈华敏　　王振生　编著
_____

全国百佳图书出版单位

浙江摄影出版社出版发行

　　　　地址：杭州市体育场路347号

　　　　邮编：310006

　　　　网址：www.photo.zjcb.com

经销：全国新华书店

制版：浙江新华图文制作有限公司

印刷：廊坊市印艺阁数字科技有限公司

开本：960mm×1270mm　　1/32

印张：5

2014年1月第1版　　2023年1月第2次印刷

ISBN 978-7-5514-0493-8

定价：40.00元